Geoff Rodoreda
*George Orwell
in Stuttgart | Nürnberg | Köln*

8 grad

George Orwell, um 1943. © akg images

Geoff Rodoreda

George Orwell
in Stuttgart | Nürnberg | Köln

Kriegsreporter
im Zeichen von 1984

8 grad verlag   Freiburg

Inhalt

I   Ein Anfang in Stuttgart   7

II   Von Blair zu Orwell:
Die Entstehung eines Autors   19

III   Als Kriegsreporter unterwegs: Paris   36

IV   »Endlich auf deutschem Boden«:
Ein Besuch in Köln   54

V   Wohin, Deutschland? Das Dorfleben
bei Nürnberg und die Zukunft Europas   69

VI   Streit um Stuttgart   83

VII   Ende des Kriegs: Paris und Österreich   107

VIII   Orwell und das Verbrechen des Jahrhunderts   123

IX   Orwells Deutschland und *1984*   133

Dank   157
Literatur (Auswahl)   159

1 Ein Anfang in Stuttgart

Es ist ein klarer, warmer Tag im April 1945. Am Ostufer des Neckars bei Stuttgart stehen amerikanische Truppen. Vergeblich haben sie versucht, den achtzig Meter breiten Fluss zu überqueren, um ins Stadtzentrum zu gelangen. Am Tag zuvor hatten französische Truppen aus dem Westen kommend die württembergische Hauptstadt eingenommen und dem NS-Regime hier ein Ende gesetzt. Doch als die Amerikaner sich der Stadt von Nordosten näherten, fanden sie keine intakte Brücke über den Neckar. Alle Brücken sind völlig zerstört oder schwer beschädigt bis auf eine: der sogenannte Berger Steg. Diese nur fünf Meter breite Brücke würde keinen Panzer oder Jeep tragen. Fußgänger dagegen schon. Über den schmalen Berger Steg, der seit 1928 die Cannstatter Neckarseite mit dem Stuttgarter Stadtteil Berg verbindet, verschaffen sich die Amerikaner Eintritt in die kriegszerstörte Großstadt.

Eingebettet in die 100. Division der US-Armee sind auch Journalisten. Einer von ihnen ist ein großer schlanker, kettenrauchender Engländer. Er ist erst einundvierzig Jahre alt, kämpft jedoch mit seiner Gesundheit. Mühsam erklimmt er die etwa fünfzig Stufen auf der Cannstatter Seite des Berger Stegs, um die Höhe des Brückenstegs erreichen und so den Neckar überqueren zu können. An dieser Stelle erhält er seine ersten Eindrücke von Stuttgart im dystopischen

Zustand. Rechts sieht er, wie die einst wichtigste Verbindungsbrücke in und aus der Stadt, die König-Karls-Brücke, nach einer Sprengung völlig zerstört im Wasser liegt.

Am Berger Steg fällt ihm etwas auf, das ihn als Kriegsreporter prägen wird – ein gefallener deutscher Soldat »in Rückenlage am Fuß der Treppe«. Eine Leiche unter Millionen. Aber wie dieser Engländer später in einer seiner Schriften beschreiben wird: »Auf seine Brust hatte jemand einen Strauß des Flieders gelegt, der überall blühte.« Ein Zeichen des Lebens, des Frühlings, im Anblick des Todes. Inmitten von so viel Zerstörung und Aufruhr hat sich jemand die Mühe gemacht, Empathie zu zeigen, eine kleine Geste der Menschlichkeit und des Respekts.

In diesem Fall blieb die Geste nicht unbemerkt. Nicht von *diesem* Engländer, der als einer der aufmerksamsten Beobachter von Krieg, Kolonialismus, Kommunismus, Faschismus, Armut und Unterdrückung des 20. Jahrhunderts gilt.

Die niedergeschriebene Beobachtung einer menschlichen Geste in einer von Krieg und Tod gezeichneten Stadt in Südwestdeutschland gehört zu dem vielleicht einflussreichsten Schriftsteller der Neuzeit, einem der ganz Großen der Weltliteratur, Eric Arthur Blair. Besser bekannt unter seinem Künstlernamen: George Orwell. An diesem Sonntag, dem 22. April 1945, hält sich George Orwell in Stuttgart auf.

Der eher unbekannte Autor

Zu der Zeit, als er als Kriegsreporter nach Deutschland kam, um das Ende von Hitlers Herrschaft so nah wie möglich zu erleben, war George Orwell (1903–1950) als Essayist, politischer Kommentator, Journalist und Schriftsteller kaum bekannt. Seine Romane, *Farm der Tiere* und *1984*, zweifelsohne Klassiker der Weltliteratur, wurden erst später veröffentlicht und brachten ihm Ruhm. Allerdings war dieser zu Lebzeiten von kurzer Dauer, da der Autor schon im Januar 1950, im Alter vom sechsundvierzig Jahren, in einem Londoner Krankenhaus an Tuberkulose starb. Erst nach seinem Tod wurde er zu einer Legende, zu »Saint George«, zum »Gewissen einer Generation«. Aufgrund seiner Haltung gegenüber allen Formen des Totalitarismus wurde er zum prophetischen Mahner erklärt. Von links und rechts des politischen Spektrums wird er mal als Held gefeiert, mal als Verräter denunziert. Seine berühmten Neologismen und Sentenzen – Big Brother, Doppeldenk, Neusprech, Gedankenpolizei, »Manche Tiere sind gleicher als andere« – sind heutzutage immer noch geflügelte Worte. In einer Zeit von Fake News und alternativen Fakten, Überwachungssystemen und Datensammelwut, Medienmanipulation und Geschichtsverzerrung sind Orwells Bücher, insbesondere *1984*, aktueller denn je.

Fünfundsiebzig Jahre nach seinem Tod gehören Orwells Bücher und Essays immer noch zur Pflichtlektüre in Schulen und Universitäten weltweit. In London gibt es ein Orwell-Archiv, eine Orwell Society (Schirmherr ist sein Adoptivsohn Richard Blair) und eine Orwell-Stiftung, die alljährlich Preise für journalistische Arbeiten und politisch engagiertes Schreiben vergibt. Über Orwells Leben und seine Werke ist in den mehr als sieben Jahrzehnten seit seinem Tod viel recherchiert und geschrieben worden: sieben Biografien, Dutzende anderer biografischer Werke, mindestens fünf Dutzend Bände wissenschaftlicher Studien, Hunderte von Essays und Artikeln. »Sie sind Teil einer Orwell-Industrie geworden«, stellte der Orwell-Experte John Rodden fest.

Anscheinend ist schon alles über sein Leben und seine Schriften gesagt, inklusive seiner Reisen und Auslandsaufenthalte. Dazu gehören seine fünf Jahre als Kolonialpolizist in Burma in den 1920er-Jahren, seine Zeit als Tellerwäscher und Gelegenheitsarbeiter in Paris oder als Soldat im Spanischen Bürgerkrieg. Dank Orwells eigener Schriften sowie der Bemühungen seiner Biografinnen und Biografen wissen wir heute viel über die Erlebnisse und Erfahrungen dieses Mannes.

Doch nicht jeder seiner Lebensabschnitte wurde erforscht, und nicht alle seiner Schriften wurden analysiert. Trotz der Masse an Büchern und Studien über Orwell und seine Werke gibt es eine Phase, die bislang weitgehend unbeachtet geblieben ist: seine Zeit in Deutschland zwischen Februar und Mai 1945. In diesen Monaten hat Orwell als Kriegsreporter für die englischen Zeitungen *The Observer* und *Manchester Evening News* gearbeitet. Er hat zuerst über das kurz zuvor befreite Paris, dann über die zerstörte Stadt Köln, ein Lager für Vertriebene bei Aachen, ein Dorf bei Nürnberg und zuletzt über Stuttgart berichtet. Nach seinem Aufenthalt in Stuttgart verbrachte er eine kurze Zeitspanne in Österreich. Die zwanzig Zeitungsartikel Orwells, die zwischen dem 25. Februar und dem 10. Juni 1945 erschienen sind, sowie ein im November 1945 in der Zeitschrift *Tribune* veröffentlichter Essay über die Frage, wie Nachkriegsdeutschland von den Alliierten behandelt werden sollte, liefern wichtige Hinweise auf das Ende der NS-Diktatur, das Ausmaß der Zerstörung durch die alliierten Bombardements Deutschlands sowie die Ansichten und das Leben der kriegsgebeutelten französischen und deutschen Bevölkerung bei Kriegsende. Orwells Berichterstattung gibt auch Einblicke in die Sicht Großbritanniens auf Deutschland.

Die Kriegsreportagen Orwells, die meist schnell und unter schwierigen Umständen zu Papier gebracht wurden, liefern darüber hinaus wertvolle Erkenntnisse über Orwells eigenen Schreibstil, seine scharfe Beobachtungsgabe, seine Dokumentation des täglichen Geschehens und der vermeintlich kleinen, unwichtigen Dinge – wie etwa der Fliederstrauß auf einem toten Soldaten. Sie drücken das aus, was nur schwer in Worte zu fassen war. Die Deutschland-Reportagen vermitteln wichtige Einsichten in Orwells politische Haltung und seine Einstellung zum Weltgeschehen in der Nachkriegszeit beziehungsweise im *Cold War* (Kalter Krieg) – ein Begriff, den der Autor kurz nach seiner Deutschlandreise prägte. Die Schriften, Erfahrungen und Eindrücke, die er auf europäischem Boden im Zweiten Weltkrieg verfasst und gesammelt hat, gehören zu Orwells Vermächtnis. Allerdings wurden sie von der »Orwell-Industrie« bisher kaum angemessen gewürdigt.

Wichtig ist auch zu erwähnen, dass diese Auslandsreise Orwells letzte war. Orwell ging nicht mehr »auf Tour«, um neue Eindrücke von der Außenwelt zu gewinnen. Direkt nach seiner dreimonatigen Stationierung als Kriegsberichterstatter in Frankreich, Österreich und Deutschland kehrte Orwell zuerst nach London zurück, später auf die abgelegene schottische Insel Jura. Er blieb viereinhalb Jahre lang, bis zu seinem Tod, in Großbritannien. In der Zeit schrieb er sein Meisterwerk, *1984*, eine düstere Dystopie mit Figuren, die in einer zerbombten Stadtlandschaft leben und dem Propagandawahn einer Diktatur ausgesetzt sind. Es ist nur schwer vorstellbar, dass die prägenden Eindrücke seines letzten Auslandsaufenthalts nicht zumindest indirekt in Orwells berühmten Roman eingeflossen sind. Nichtsdestotrotz ist dieser Aufenthalt fast komplett ignoriert oder immer wieder als unbedeutend, uninteressant und unwichtig herabgestuft worden.

Warum wurden diese Texte – und Orwells Zeit in Deutschland – nicht so gründlich untersucht wie der Rest seines schriftlichen Erbes? Vier Gründe lassen sich hier anführen: Erstens, er war hier relativ kurz im Vergleich zu seinen anderen Auslandsaufenthalten (etwa in Burma oder Spanien), und seine Texte sind eher schnell geschriebene Reportagen statt durchdachter lyrischer Essays, für die sich Literaturwissenschaftler:innen und Biograf:innen stärker interessieren. Zweitens, außer diesen zwanzig Zeitungsartikeln gibt es kaum andere Schriften von ihm aus dieser Periode. Offenbar hat Orwell in Deutschland nicht Tagebuch geführt und nur wenige Briefe geschrieben, die uns größere Einblicke in seine Gedanken und Erfahrungen während dieser Zeit gewähren könnten. Drittens, Orwell war in Trauer. Ende März 1945 erhielt er die Nachricht, dass seine Frau Eileen während einer Operation in England verstorben war. Er reiste sofort in die Heimat und blieb eineinhalb Wochen lang dort, bevor er nach Paris zurückkehrte. Womöglich mangelt es deswegen an Briefen aus Orwells Deutschlandphase. Wenn dieser Abschnitt seines Lebens wissenschaftlich untersucht wird, konzentriert man sich mehr auf das Sterben seiner Frau, auf Orwells Liebe zu ihr und zu dem kurz zuvor gemeinsam adoptierten Sohn sowie darauf, wie Orwell mit dieser neuen Situation klarkam.

Ein vierter Grund, warum Orwells Aufenthalt in Stuttgart und anderen deutschen Städten ein bisher weitgehend unbeschriebenes Blatt ist, liegt darin, dass er insgesamt eher wenig über Deutschland und die Machtstrategien des NS-Regimes publiziert hat. Gewiss: Früher als viele andere hatte Orwell in den 1930er-Jahren die von Hitler und einem aufstrebenden Nazideutschland ausgehende Gefahr erkannt und seine britische Leserschaft davor gewarnt, Hitler zu unterschätzen. Allerdings war er mehr mit den Bedrohungen des Kommunismus beziehungsweise Stalinismus vertraut; dazu hatte er sich dezidiert geäußert, wohingegen er den Faschismus in Deutschland weniger kommentiert hatte. Im Spanischen Bürgerkrieg hatten Orwell und seine Frau die Bedrohungen durch die Kommunistische Partei hautnah erlebt. Sie gehörten einer linken Gruppierung an, die von der dortigen Kommunistischen Partei als faschistisch bezeichnet wurde. Letztendlich mussten sie aus Spanien fliehen. Als die deutsche Luftwaffe im Zweiten Weltkrieg britische Städte bombardierte, schrieb Orwell über die Möglichkeit einer Naziinvasion der Insel. Wenn man jedoch sein Lebenswerk betrachtet, finden sich wenige Ausführungen über deutsche Literatur, Geschichte, Kultur oder die deutsche Sprache.

Dennoch reiste er nach Deutschland. Er wollte »endlich auf deutschem Boden« stehen und über die Deutschen am Ende des Kriegs berichten. Aber Orwells Germany und seine Berichte dazu haben bisher wenig Beachtung gefunden. Einen wichtigen Grund, diese doch genauer unter die Lupe zu nehmen, bildet die Tatsache, dass Orwell gleich nach seiner Rückkehr nach London Ende Mai 1945 die ersten zwölf Seiten seines neuen Buchs *1984* in Angriff nahm. Danach ließ er den Roman, allem Anschein nach, ein Jahr lang unbearbeitet, bevor er im Sommer oder Herbst 1946 auf der schottischen Insel Jura zu ihm zurückkehrte.

Wissenschaftlich erwiesen ist, dass Orwell die Ideen für sein wohl bekanntestes Werk schon ein oder sogar zwei Jahre vor seinem Aufenthalt in Deutschland hatte. Könnte es jedoch sein, dass etwas aus seiner Zeit als Kriegsreporter –

einige Beobachtungen, Gedanken, die Atmosphäre – letztlich den Anstoß dafür gab, mit dem Schreiben von *1984* zu beginnen?

»Ein Australier auf den Spuren von George Orwell«

Es ist ein regnerischer warmer Tag im Juni 2024. Am Ostufer des Neckars bei Stuttgart stehen Studierende der Universität. Vergeblich haben sie versucht, der unerwarteten Nässe zu entkommen, bis ihr Dozent endlich entschied, Schutz unter einer Brücke zu suchen. Jetzt kann der Unterricht draußen bei der berühmten »Orwell-Brücke« beginnen. Sorry! Natürlich meine ich den sogenannten Berger Steg. »Let's begin. Today we will walk in the footsteps of George Orwell.«

Seit 2009 unterrichte ich als englischsprachiger Dozent an der Universität Stuttgart in der Abteilung »English Literatures and Cultures« immer wieder die Werke von George Orwell. Seit 2018 organisiere ich für Teilnehmende des Orwell-Seminars oder auch für die, die einen sprachpraktischen Kurs zu englischer Kultur bei mir belegen, immer einen Ausflug zum Berger Steg. Es ist eine kurze U-Bahn-Strecke vom Stadtmitte-Campus der Uni zum Neckar. Zu den Hausaufgaben der Studierenden gehören immer zwei Lektüren: ein Zeitungsartikel und ein Essay, die Orwells Eindrücke und Erfahrungen in Stuttgart bei Kriegsende schildern. Wir treten auf den Berger Steg, so wie vor achtzig Jahren auch unser Autor ihn betreten hat. Hier draußen, am Ort des Geschehens, diskutieren wir Orwells Prosa. Mit jeder Studierendengruppe ist es der Versuch, englische Literatur (und die Nachkriegsgeschichte Stuttgarts) lebendiger und nahbarer zu machen.

Über den Neckar nach Stuttgart: der Berger Steg heute.
© Geoff Rodoreda

Als ich 2008/2009 meine Arbeit an der Universität Stuttgart begann und meinen ersten Kurs zu Orwells Werken vorbereitete, wusste ich nichts von seinem Aufenthalt als Kriegsreporter in Deutschland. Ich hatte *Animal Farm* und *Nineteen Eighty-Four* sowie zwei oder drei seiner nicht fiktionalen Bücher gelesen. Einige seiner literarischen Essays waren mir ebenfalls bekannt, denn ich arbeitete sowohl in Australien wie auch anfangs in Deutschland als Journalist. Für viele Medien- und Kulturschaffende weltweit sind Orwells Essays zu Sprache, Politik und der Art des Schreibens Pflichtlektüre. Ich war ein Fan von Orwell, aber jetzt musste ich eine Auswahl seiner Werke für mein Seminar zusammenstellen.

Im Jahr 2010 las ich zum ersten Mal in einer Sammlung von Orwells Essays den folgenden Satz: »Wenige Stunden nach der Einnahme Stuttgarts durch die französische Armee betraten ein belgischer Journalist und ich die Stadt …«

Wie bitte? George Orwell war hier gewesen? Ich wollte natürlich mehr herausfinden. In der Württembergischen Landesbibliothek in Stuttgart konnte ich auf alle zwanzig Bände der 1998 veröffentlichten Orwell-Gesamtausgabe zugreifen. Das gab mir einen größeren Einblick in seine Zeit in Deutschland – unter anderem fand ich einen weiteren Artikel über Stuttgart. Orwell berichtete darin von einem »schmalen Fußgängersteg«, den er und andere überquerten, um über den Neckar in die Stadt zu gelangen. Der Name dieser »footbridge« (Steg) wurde nicht erwähnt, aber es machte mich neugierig: Welche Neckarbrücke könnte es gewesen sein? Bestand sie vielleicht heute noch?

Mithilfe anderer Hinweise in Orwells Reportagen sowie durch Bücher, Bilder und Dokumente im Stadtarchiv Stuttgart machte ich eine kleine Entdeckung: Tatsächlich war der in den 1920er-Jahren erbaute Berger Steg die einzige Brücke über den Neckar in Stuttgart, die im Krieg unbeschädigt blieb. Der englische Autor George Orwell lief über diesen Steg. Der Universität Stuttgart war meine Forschung eine Pressemitteilung wert: »Erstmalige Recherche über Orwell-Besuch 1945«. *Stuttgarter Zeitung* und *Stuttgarter Nachrichten* veröffentlichen über meinen Fund Artikel mit den Schlagzeilen »Als es drunter und drüber ging« und »Ein Australier auf den Spuren von George Orwell«. Zehn Jahre später brachte *Die Welt* einen Bericht über meine Forschung. Die Zeitung stellte auch noch 2020 fest: »Vollständig erforscht ist Orwells Besuch in Deutschland noch nicht«. Das stimmt nach wie vor.

Das Auslaufen des Urheberrechtsschutzes für Orwells Werke im Jahr 2021 in Großbritannien verschaffte seinen Deutschlandschriften etwas mehr Aufmerksamkeit. Zum ersten Mal erschienen auf Englisch unter dem Titel *Ruins* in einem deutschen Verlag alle zwanzig Zeitungsartikel, die Orwell als Kriegskorrespondent im Zweiten Weltkrieg geschrieben hat. Gleichzeitig veröffentlichte ein anderer Verlag hierzulande erstmalig zehn dieser Berichte als *Reise durch Ruinen* in deutscher Sprache. Zweifelsohne führten diese zwei Publikationen zu mehr Anerkennung von Orwells Kriegsberichterstattung. Beide beinhalten auch einleitende oder zusammenfassende Kommentare; im Kern bleiben sie jedoch Neuveröffentlichungen von Orwells Schriften und bieten der Leserschaft wenige neue Erkenntnisse über Orwells Deutschlandreise oder eine mögliche Verbindung zwischen diesen Texten und seinem letzten und größten Roman, *1984*.

Etwa fünfzehn Jahre nach meinen ersten Recherchearbeiten zu Orwells Deutschlandaufenthalt hoffe ich, einen

Beitrag zu den weitgehend unerforschten Phasen des Lebenswerks eines der wichtigsten Schriftsteller des 20. Jahrhunderts zu leisten. Orwell soll nicht nur als Autor der bahnbrechenden Fabel *Farm der Tiere* und des dystopischen Klassikers *1984* wahrgenommen werden, sondern auch als der englische Reporter und Essayist, der relativ unbekannt nach Deutschland kam, um das Ende eines Regimes, das Europa und die Welt in einen totalen Krieg geführt hatte, zu beobachten und darüber zu berichten. Dieser englische Journalist und Autor war *da*, vor Ort, als es in Deutschland noch »drunter und drüber ging«, als die Stunde null schlug.

II Von Blair zu Orwell: Die Entstehung eines Autors

»Schon in sehr jungem Alter, mit fünf oder sechs vielleicht, wusste ich, dass ich Schriftsteller werden wollte.« So schrieb George Orwell 1946 in einem Essay rückblickend auf seine schriftstellerische Laufbahn. Schriftsteller ist er dann auch geworden. Doch erst gegen Ende seines Lebens begann er, mit den Tantiemen für *Farm der Tiere*, genug Geld zu verdienen, um vom Schreiben leben zu können. »Von der Bildung her aus der Oberschicht, von der Herkunft her aus der Mittelschicht, motivierte ihn sein Gefühl der Verantwortung für Armut und Ungleichheit zum Schreiben«, kommentiert die Literaturkritikerin Valerie Meyers Orwells Schreibdrang.

Die meisten der etwa zwanzig Jahre seines Lebens als freier Autor und Journalist hielt sich Orwell mit Gelegenheitsjobs über Wasser. Meistens schrieb er politische Kommentare, Gesellschaftskritik und Rezensionen für linke Zeitschriften. Zwischendurch, in den 1930er-Jahren, gelang es ihm, vier Romane zu schreiben, von denen sich keiner gut verkaufte. Er verfasste auch Bücher über die Armut in London und Paris, über Englands Arbeiterschicht und den Bürgerkrieg in Spanien. Während des Zweiten Weltkriegs und der Luftangriffe der Nazis arbeitete er bei der BBC und schrieb über England und den englischen Charakter. Ohne seine beiden letzten und berühmtesten Romane, *Farm der Tiere* (1945) und *1984* (1949), wäre der Name George Orwell heute höchstwahrscheinlich kaum noch bekannt.

Wer war dieser George Orwell?

George Orwell wurde als Eric Arthur Blair am 25. Juni 1903 in Motihari im britisch kontrollierten Nordosten Indiens geboren. Sein Vater, Richard Walmesley Blair, war als Opiumagent im britischen kolonialen Staatsdienst tätig. Seine Mutter, Ida Mabel Blair (geb. Limouzin), stammte aus einer anglo-französischen Familie, die mit Teakholz handelte. 1904 kam Mutter Ida mit Eric und seiner älteren Schwester, Marjorie, nach Südostengland zurück, wo Eric aufwuchs. Er wurde fast ausschließlich von seiner Mutter erzogen. Seine jüngere Schwester Avril wurde 1908 geboren. Die Familie Blair war nie reich – sie gehörte zur kolonialen Mittelklasse Englands –, hatte aber genug Geld, um den Kindern eine gute Erziehung zu ermöglichen.

Eric besuchte zuerst die St.-Cyprians-Schule, wo er sehr früh mit den sozialen Ungleichheiten der britischen Gesellschaft konfrontiert wurde. Als er sechs Jahre alt war, wurden ihm »die Klassenunterschiede zum ersten Mal bewusst«; man brachte ihm bei, dass »die unteren Gesellschaftsschichten stinken«. Er war klug und erhielt ein Stipendium des Königs für die elitäre Privatschule Eton College, die er ab Mai 1917 besuchte. Später schrieb Orwell, dass er als Teenager am Eton College zu »einem widerlichen kleinen Snob« heranwuchs. Der »Snobismus haftet an einem bis ins Grab, wenn man ihn nicht hartnäckig ausrottet wie das Unkraut, das er ist«. Er verließ Eton im Dezember 1921 ohne Abschluss.

Nach der Schule ging der Teenager Eric Blair nicht zur Universität wie viele seiner Klassenkameraden aus Eton. Stattdessen folgte er der Familientradition und trat in den Dienst des britischen Empires ein. 1922 bestand er die Aufnahmeprüfung der Indian Imperial Police und reiste ins britisch kontrollierte Burma, wo er fünf Jahre lang als Kolonialpolizist eingesetzt war. Er verabscheute die Arbeit, die nur daraus bestand, der einheimischen Bevölkerung den Gehorsam gegenüber den britischen Kolonialherren aufzuzwingen. Als er sich mit Denguefieber infizierte, sah er eine Gelegenheit, von seinem unliebsamen Dienst in Burma wegzukommen. Als Kranker machte er sich 1927 auf den Weg zurück nach England. Dort beschloss er, aus dem kolonialen Polizeidienst auszutreten. Er erzählte später:

> Ich quittierte den Dienst teilweise deswegen, weil das Klima meine Gesundheit ruiniert hatte, teilweise weil ich bereits vage Vorstellungen vom Bücherschreiben hegte, hauptsächlich aber, weil ich auf keinen Fall länger einem Imperialismus dienen konnte, den ich inzwischen als einen ziemlich großen Volksbetrug durchschaut hatte.

Was genau Eric Blair als Polizist in Burma machte, ist bis heute fast unbekannt. Jedoch hatte ihm sein Aufenthalt dort Stoff für zwei seiner bekanntesten Essays geliefert, »Eine Hinrichtung« und »Einen Elefanten erschießen«, und für seinen ersten vollständigen Roman, *Tage in Burma* (1934). Letztendlich prägten seine Erfahrungen in Burma ihn als Antiimperialisten und linksorientierten Antinationalisten.

Nachdem er offiziell bei der Kolonialpolizei gekündigt hatte, beschloss der vierundzwanzigjährige Eric (noch nicht George Orwell), seine Tante Nellie Limouzin in Paris zu besuchen. Sie war eine Suffragette und Sozialistin, und ihr Ehemann war ein Kommunist, der bereits von Stalin desillusioniert war. Die beiden lebten als Außenseiter und Bohemiens im Paris der späten 1920er-Jahre. Tante Nellie unterstützte ihn finanziell und übte einen großen Einfluss auf den jungen Eric aus, sowohl in persönlicher als auch in politischer Hinsicht. In Paris begann er zu schreiben, arbeitete als Tellerwäscher in einem Luxusrestaurant und sammelte Material über die Armut in der französischen Hauptstadt. Später, in London, während der Weltwirtschaftskrise, verbrachte er Zeit im verarmten East End der Stadt mit den Armen, den Arbeitslosen, den Obdachlosen. Die Erfahrungen aus dieser Zeit lieferten das Material für sein erstes Buch, *Erledigt in Paris und London* (1933). Es wurde ursprünglich als Fiktion vermarktet, inzwischen gilt es als Memoir oder Reportage.

Das Buch erschien unter dem neu erdachten Pseudonym George Orwell, das er bis zum Ende seiner schriftstellerischen Laufbahn beibehielt. George wurde als Name eines typischen, gewöhnlichen Engländers gewählt, obwohl es auch der Name des Schutzpatrons von England (Saint George) und des damaligen Königs war. Der Nachname Orwell bezeichnet einen kurzen, eher unbedeutenden Fluss im Südosten Englands, der ihm gefiel. Dieses Pseudonym signalisierte für ihn Schlichtheit, Bodenständigkeit, passend für einen typisch englischen Schriftsteller. Den Namen Eric Blair legte er offiziell nie ab, aber er wurde fortan als George Orwell bekannt.

Der Möchtegern-Autor

Nach seiner Rückkehr aus Paris führte Orwell während des größten Teils der 1930er-Jahre das Leben eines sich abmühenden Schriftstellers. Er nahm Gelegenheitsjobs an, wo immer er konnte, um über die Runden zu kommen. Eine Zeit lang arbeitete er als Lehrer, während er versuchte, den Roman *Tage in Burma* zu schreiben. Gesundheitlich war er oft angeschlagen. Es ist nicht genau bekannt, wann er sich die Tuberkulose zuzog, an der er schließlich starb, aber er hatte kontinuierlich Probleme mit Lungeninfektionen. Seinen zweiten Job als Lehrer musste er wegen einer Lungenentzündung aufgeben. Eine Zeit lang lebte er wieder bei seinen Eltern in der englischen Küstenstadt Southwold in Suffolk, wo er seinen nächsten Roman fertigstellte, *Eine Pfarrerstochter* (*A Clergyman's Daughter*). Dieser erschien 1935.

Von seinem Elternhaus zog er, wiederum mithilfe seiner Tante Nellie, nach London, um in einem Buchladen in Hampstead zu arbeiten. Seine Erfahrungen als Londoner Buchhändler und als erfolgloser Schriftsteller mit einer Sympathie für die Unterdrückten und einer Abneigung gegen Glamour und Reichtum flossen in seinen nächsten Roman ein, *Die Wonnen der Aspidistra* (*Keep the Aspidistra Flying*, 1936). Auf einer Party in London lernte er 1935 seine zukünftige Frau Eileen O'Shaughnessy (1905–1945) kennen. Sie hatte Englische Literatur an der Universität Oxford studiert, als Schreibkraft, Internatsassistentin und Redakteurin gearbeitet und einen Masterabschluss in Psychologie erworben. Sie heiratete Eric Blair im Juni 1936 im Dorf Wallington, südlich von London, wohin er einige Monate zuvor gezogen war. Anfang 1936 nahm Orwell den

Auftrag an, in das Kohlebergbaugebiet im Norden Englands zu reisen, um über das Schicksal der Arbeiterklasse zu schreiben.

Er erlebte aus erster Hand die bittere Armut, die entwürdigenden und gefährlichen Arbeitsbedingungen, die Ausbeutung und das Ausmaß an Hoffnungslosigkeit der Bergarbeiter und ihrer Familien in einem Teil Englands, der von der Ober- und Mittelschicht im Süden oft ignoriert wurde. Diese Reise machte Orwell mit den enormen Kontrasten vertraut zwischen dem relativ armen Norden und dem reicheren Süden; zwischen den Lebensbedingungen der Bergarbeiter im Norden und einer reicheren Bevölkerung im Süden Englands. Diese Kontraste blieben im industrialisierten England des 20. Jahrhunderts bestehen. All dies fand Eingang in das Buch *Der Weg nach Wigan Pier* (1937).

Orwells nächster schriftstellerischer Schwerpunkt lag auf den politischen Entwicklungen in Europa: der Aufstieg des Faschismus in Deutschland und Italien und die Machtübernahme Hitlers 1933, gefolgt vom Ausbruch des Bürgerkriegs in Spanien 1936. Die vom Volk gewählte linke republikanische Regierung in Spanien wurde von Nationalisten abgelehnt und angefeindet. Von General Francisco Franco geführt, bekamen die Nationalisten Unterstützung von konservativen Eliten, von der katholischen Kirche und dem Militär, die ihrerseits von profaschistischen Kräften in ganz Europa unterstützt wurden. Die republikanische Regierung blieb ohne offiziellen militärischen Beistand von anderen europäischen Mächten. Aber in den sogenannten Internationalen Brigaden sammelten sich Arbeiter und politisch linksgerichtete Anhänger und Intellektuelle aus der ganzen Welt, um freiwillig gegen den Faschismus zu kämpfen. Tausende schlossen sich der Sache an. George Orwell, ein

Schriftsteller, der nicht nur nach seinen Überzeugungen lebte, sondern auch bereit war, für sie zu sterben, ging ebenfalls nach Spanien. Die sechs Monate, die er dort verbrachte, wurden zu der entscheidenden politischen Weichenstellung seines Lebens.

Eine lebensverändernde Erfahrung

Ende 1936 reiste Orwell nach Barcelona. Dort wurde er Mitglied der anarchistischen Militäreinheit des POUM (Partido Obrero de Unificación Marxista) und griff zur Waffe, um gegen Francos Nationalisten zu kämpfen. In den Schützengräben an der Front wehrte Orwell mit anderen den faschistischen Vormarsch auf Barcelona ab. Im März 1937 kam auch Eileen nach Barcelona. Sie leitete unter anderem ein Büro, das die anarchistische Bewegung und die Versorgung an der Front unterstützte.

Doch dann wendete sich das Blatt: Die linke Bewegung, die gegen Franco kämpfte, begann, sich zu spalten. Die von der Sowjetunion unterstützten Kommunisten versuchten, die antifaschistische Sache für sich zu beanspruchen. Sie wandten sich gegen andere linke Parteien, einschließlich der trotzkistischen POUM, und beschuldigten sie, auf der Seite der Faschisten zu stehen. Orwell war zurück in Barcelona, als in der Stadt Kämpfe zwischen Söldnern der Kommunisten und anderen linken Milizen ausbrachen. Anstatt in den Schützengräben gegen die Faschisten zu kämpfen, war Orwell nun gezwungen, auf dem Dach eines Gebäudes in Barcelona POUM-Stellungen gegen einen kommunistischen Angriff zu verteidigen. Die Kämpfe um die Stadt ließen etwas nach und Orwell kehrte an die Front zurück,

Milizionäre im Spanischen Bürgerkrieg; George Orwell (hinten, Mitte) und seine Frau Eileen Blair (seitlich vor ihm sitzend), 1937. © akg images

jedoch nur für ein paar Tage: Am 20. Mai 1937 wurde er durch einen Schuss in den Hals fast getötet. Die Kugel verpasste seine Halsschlagader nur um wenige Millimeter. Eileen eilte an die Front, um eine bessere medizinische Versorgung für ihren Mann zu organisieren.

Orwell erholte sich bemerkenswert schnell, sodass er sich in Barcelona wieder bewegen konnte. Doch nun stand die POUM auf der schwarzen Liste. Ihre Anhänger wurden als Verräter der Linken bezeichnet; Genossen und Mitarbeiter von George und Eileen wurden verhaftet, einige sogar getötet. Orwell erlebte mit, wie die Propaganda der Kommunistischen Partei ehemalige Kameraden und Verbündete zu Faschisten erklärte. Die Blairs hatten keine andere Wahl, als aus Spanien zu fliehen. Orwell tauchte unter, während

Eileen ihr Leben riskierte, um die Papiere zu beschaffen, mit denen sie schließlich über die spanische Grenze nach Frankreich fliehen konnten.

Orwell kehrte nach England zurück. Er hatte zweimal das Glück gehabt, mit dem Leben davonzukommen. Er überlebte die Schüsse der Faschisten an der Front und der sowjetkommunistischen Agenten in den Gassen von Barcelona. Dem Sozialismus blieb er treu, aber die Erfahrungen in Spanien verhärteten seine Verachtung für die autoritären Tendenzen in der kompromisslosen Realpolitik der linken und rechten Vordenker Europas zu dieser Zeit. Im Jahr 1946 schreibt Orwell:

> Der spanische Krieg und andere Ereignisse in den Jahren 1936 bis 37 veränderten den Maßstab. Von da an wusste ich, wo ich stand. Jede meiner ernsthaften Zeilen seit 1936 schrieb ich direkt oder indirekt gegen den Totalitarismus und für den demokratischen Sozialismus, wie ich ihn verstehe.

Doch 1937 wollte niemand Orwells Reportage über seine Erfahrungen in Spanien veröffentlichen. Die Linke in England unterstützte noch Stalin. In den späten 1930er-Jahren war man in Großbritannien, wenn man antifaschistisch und links eingestellt war, höchstwahrscheinlich für Stalin. Orwells üblicher Unterstützer und Verleger, Victor Gollancz, weigerte sich, Orwells Buch über das, was er in Spanien erlebt hatte, zu veröffentlichen. *Hommage an Katalonien* erschien 1938 in einem anderen Verlag.

Der Ausbruch des Zweiten Weltkriegs

Orwell verbrachte den größten Teil des Jahres 1938 damit, sich von einer lebensbedrohlichen Lungenblutung zu erholen, zunächst in einem Sanatorium in England und dann, zusammen mit Eileen, im wärmeren Klima Marokkos. In Nordafrika schrieb Orwell seinen nächsten Roman, *Auftauchen, um Luft zu holen (Coming Up for Air)*, der 1939 veröffentlicht wurde. Mit dem Ausbruch des Zweiten Weltkriegs im September 1939 meldete sich Orwell zum Militärdienst, er wurde aber aus gesundheitlichen Gründen abgelehnt. Er und Eileen lebten während des Blitzkriegs in London, als die deutschen Bomben auf die Stadt niedergingen. Ihre Wohnung wurde im Mai 1941 von einer Bombe getroffen. Sie selbst blieben unverletzt. Später im Krieg waren die beiden nicht zu Hause, als eine andere Wohnung von einer Rakete getroffen wurde. Während des Kriegs arbeitete Orwell weiterhin als Rezensent, Journalist und politischer Kommentator. Sein essayistisches Buch *The Lion and the Unicorn: Socialism and the English Genius* (1941) brachte seine anhaltenden Hoffnungen auf den Sozialismus und seine Einschätzung des englischen Charakters angesichts einer möglichen Invasion durch die Nazis zum Ausdruck. Mit einem kritischen, aber auch humorvollen Blick auf sein eigenes Land schrieb Orwell:

> England ist das Land mit dem größten Klassenunterschied unter der Sonne. Es ist ein Land des Snobismus und der Privilegien, das hauptsächlich von den Alten und Dummen regiert wird. […] England ist weder die Juweleninsel, wie ein Zitat von Shakespeare lautet, noch ist es das von Dr. Goebbels beschriebene Inferno. Mehr als beides gleicht es

einer Familie, einer eher spießigen viktorianischen Familie, in der es nicht viele schwarze Schafe gibt, aber Schränke voller Leichen. Die Familie hat reiche Verwandte, vor denen man sich verbeugen muss, und arme Verwandte, auf denen man herumhackt, und es gibt eine tiefe Verschwörung des Schweigens über die Quelle des Familieneinkommens. Es ist eine Familie, in der die Jungen im Allgemeinen ausgebremst werden und der größte Teil der Macht in den Händen unverantwortlicher Onkel und bettlägeriger Tanten liegt. Dennoch ist es eine Familie. Sie hat ihre private Sprache und ihre gemeinsamen Erinnerungen, und wenn sich ein Feind nähert, schließt sie ihre Reihen. Eine Familie, in der die falschen Mitglieder das Sagen haben – so kann man England vielleicht am ehesten in einem Satz beschreiben.

Während des Kriegs arbeitete Orwell auch für den BBC Eastern Service, der Nachrichten und Informationen für Hörerinnen und Hörer in Asien ausstrahlte. Diese Arbeit gefiel ihm jedoch nicht. Interessanter fand er die Tätigkeiten als Literaturredakteur der linken Wochenzeitschrift *Tribune*. 1944, nach nur wenigen Monaten des Schreibens, vollendete Orwell seinen nächsten Roman, *Farm der Tiere*, eine bittere Satire über die russische Revolution. Seine Frau Eileen half ihm dabei, das Buch zu strukturieren, zu revidieren und auch zu schreiben. Manche Kritiker behaupten, dass dieser schlichte, elegant geschriebene Roman Orwells bestes Werk ist, gerade weil seine kluge Frau ihm geholfen hat.

Farm der Tiere ist der Roman, der Orwell weltweit Anerkennung, Ruhm und Geld brachte – allerdings erst nach dem Ende des Zweiten Weltkriegs. 1944 wollte zuerst kein

Verlag das Manuskript annehmen, da es zu scharfe Kritik an Stalin übte, der jetzt ein Verbündeter der Alliierten war. Auch die Papierknappheit während des Kriegs führte dazu, dass sich die Veröffentlichung des Buchs im Secker & Warburg Verlag immer wieder verzögerte, bis es schließlich im August 1945 erschien. 1944 hatten Orwell und seine Frau, die selbst keine Kinder bekommen konnten, ein Baby adoptiert, einen Jungen, den sie Richard Horatio Blair nannten. Als der Zweite Weltkrieg sich seinem Ende näherte, sahen die Blairs offenbar eine Zukunft für ein Familienleben. Über Krieg und Zerstörung hinaus lebten sie in der Hoffnung auf einen besseren sozialen Zusammenhalt in England und Europa.

Ein schwieriger Mensch

Es ergibt sich das Bild einer glücklichen Ehe, eines Schriftstellers mit hohen moralischen Ansprüchen und ethischen Prinzipien. Dieses Bild täuscht jedoch, was sein Privatleben anbelangt, denn Orwell war eine schwierige Persönlichkeit. Er steckte als Mensch und als Autor voller Widersprüche.

Orwell sprach sich laut und offen für einen freiheitlich-demokratischen Sozialismus aus, für eine Politik der Vernunft und des Anstands, die die Würde der Arbeiterklasse und der einfachen Menschen respektiert. Seine Schriften zeigen eine konsequente Haltung gegen Imperialismus, Kommunismus und Faschismus. Sein privates Leben hatte dagegen etliche Ecken und Kanten. Nach außen, in öffentlichen Räumen, wirkte er teilweise bescheiden und aufmerksam, oft charmant und humorvoll. Allerdings verhielt er sich im persönlichen Umgang, insbesondere mit seiner ersten Frau, Eileen O'Shaughnessy, ziemlich dominant. Laut einem aktuellen Buch von Anna Funder (*Wifedom*, 2021) zeigte Orwell eine »bösartige Homophobie« und war sexistischer und frauenfeindlicher, als es von seinen (durchweg männlichen) Biografen bisher beschrieben wurde. Orwell habe seine Frau wiederholt betrogen und sie für Haus- und Gartenarbeit, als seine Schreibkraft und Lektorin ausgenutzt. Funder sieht in Eileen eine Frau, die ihre eigenen Wünsche, auch ihre eigene Gesundheit, dem Wohlergehen ihres Mannes unterordnete. Orwell wurde laut Funder zu einem großen männlichen Schriftsteller durch »die unbezahlte, unsichtbare Arbeit einer Frau, die Zeit und den – sauberen, gewärmten und mit Kissen gepolsterten – Raum für seine Arbeit schafft«.

Ein weiteres Buch über Eileen, von Sylvia Topp (*Eileen: The Making of George Orwell*, 2020), bietet eine andere Perspektive. Laut Topp sei Eileen eine fröhlich-witzige, tapfere, clevere Frau gewesen, die letztendlich ihren Mann sehr liebte und zu ihrer eigenen Entscheidung stand, bei ihm zu bleiben: »Obwohl sie oft ihren starken Willen zeigte, hatte sie die Rolle der Ehefrau als zweitrangig gegenüber der des Ehemanns akzeptiert.« Eileens Einfluss auf die Arbeit ihres Mannes sei bisher massiv unterschätzt worden, so Topp, doch im Ganzen habe Eric Eileen nicht bösartig behandelt oder gegen ihren Willen kleingehalten. Die Ehe sei schwierig gewesen, aber keine Art von Gefängnis für Eileen.

Ambivalenz zeigte sich auch in Orwells oft zwiespältigem Verhältnis zum Antisemitismus und zu jüdischen Themen. Als Autor kritisierte er andere, auch Politiker, für ihre judenfeindlichen Schriften und Äußerungen; gleichzeitig enthielten seine eigenen Schriften immer wieder abstoßende Bemerkungen über Juden. Orwells jüdischer Freund, Tosco Fyvel, hatte Orwell für seinen Antisemitismus mehrmals gerügt, fand aber, dass Orwell lernfähig war, indem er später auf solche Auslassungen verzichtete.

Ohne die Vorwürfe gegenüber George Orwell kleinzureden oder gar zu ignorieren, ging erst vor Kurzem die amerikanische Autorin Rebecca Solnit in einem Essay der Frage nach, wie man heutzutage Orwell als Person und als Schriftsteller beurteilen soll. »Wir leben in einem Zeitalter der Moralisten«, schreibt Solnit. »Die Standardfrage ist geworden, ob jemand tugendhaft war, und nicht, ob man interessant oder nützlich oder anregend war. Einiges davon scheint wertvoll für die Bildung von Gesellschaften zu sein, die integrativer und weniger missbräuchlich sind; einiges davon ist reduktiv und nebensächlich.« Weiterhin schreibt sie:

> Es stellt sich auch die Frage, ob jemand ein guter Mensch sein muss, um ein guter Künstler zu sein […]. Menschen können in ihrer Kunst hohe Ideale haben, denen sie nur schwer gerecht werden können, und wenn sie dadurch zu Heuchlern werden, dann scheitern die meisten von uns an diesem Maßstab – ich möchte trotzdem lieber die Kunst haben. […] Ich fand Orwell nützlich und interessant und war nicht überrascht, dass er nicht feministischer war als seine Zeitgenossen, obwohl er es letztendlich geschafft hat, antifaschistischer, antiautoritärer und antiimperialistischer zu sein als die meisten von ihnen.

Mittendrin im Geschehen

Orwell war nie ein Schriftsteller, der einfach nur in einem Raum saß und sich etwas ausdachte oder der sich nur auf Bücher stützte, um seine Fantasie anzuregen. Er war in erster Linie ein Schriftsteller der Erfahrung. Er schrieb mit der Überzeugung eines Menschen, der von den politischen und sozialen Ungerechtigkeiten der Welt, wie er sie sah, nicht nur aufgewühlt war, sondern er musste sie erleben oder zumindest bezeugen, um darüber schreiben zu können.

Seine Erfahrungen als Kolonialpolizist flossen direkt in seine Kritik des Imperialismus ein, sein Leben als Aussteiger auf den Straßen von Paris und London vermittelte ihm aus erster Hand die Erfahrung brutaler Armut innerhalb von Gesellschaften, die verhältnismäßig reich waren. Um über die schrecklichen Arbeitsbedingungen im Bergbau zu schreiben, stieg er in eine Kohlemine ein. Er meldete sich freiwillig als Soldat in Spanien und setzte sein Leben aufs Spiel, um seine sozialistischen Ideale gegen das Ungeheuer des europäischen Faschismus zu verteidigen. In Barcelona geriet er ins Visier kommunistischer Killerkommandos, die von der Sowjetunion unterstützt wurden, was ihm einen Vorgeschmack auf die Angst gab, wenn auch nur vorübergehend, die mit einem Leben unter der Herrschaft von Despoten und Tyrannen verbunden ist.

Er zog es vor, während des Blitzkriegs in London zu bleiben, anstatt für die Dauer des Kriegs in die relative Sicherheit eines Wohnsitzes auf dem Land zu fliehen.

Deswegen: Als Orwell Anfang 1945 die Anfrage erhielt, in das vom Krieg zerrüttete Europa zu reisen, um den Vormarsch der Alliierten gegen Deutschland aus erster Hand mitzuerleben, war es ein Angebot, das er nicht ablehnen konnte. Trotz seines angeschlagenen Gesundheitszustands nahm der erfahrene Autor, der die Annehmlichkeiten eines englischen Wohnzimmers oft verschmäht hatte, diese Einladung zweier britischer Zeitungen an, des *Observer* und der *Manchester Evening News*. Im Februar 1945 kam Orwell in das von den Alliierten befreite Paris, das für viele Kriegsreporter eine Basis war, um an die Front zu gelangen.

Sein Einsatz wurde durch den plötzlichen Tod seiner Frau Eileen überschattet. Während Orwell als Reporter in Köln war, erhielt er die Nachricht, dass Eileen an den Komplikationen einer Routineoperation gestorben war. Er reiste für fast zwei Wochen nach England zurück, um seine Frau zu beerdigen und jemanden zu finden, der sich um den gemeinsamen Sohn Richard kümmerte, bevor er zu seiner Berichterstattung auf den Kontinent zurückkehrte. Dies stellte sich als Orwells letzte Auslandsreise heraus. Anfang 1945 hatte er nur noch fünf Jahre zu leben, und er brauchte fast diese ganzen fünf Jahre, um sein letztes großes Schreibprojekt zu vollenden, den Roman *1984*.

Orwells erster offizieller Biograf Bernard Crick deutet an, dass der Aufenthalt in Paris und Deutschland schlecht geplant war und zu einem ungünstigen Zeitpunkt stattfand: »Eileens Gesundheit war in einem ernsten Zustand«, ebenso wie Orwells eigene. Er urteilt, Orwell sei »auf Abenteuerreise gegangen«, um sich als Kriegsberichterstatter auszuprobieren, was »seinem Schreiben keinen erkennbaren Dienst erwiesen hat«. Crick führt an, dass Orwell bereits Ende 1943 einen klaren Plan für *1984* notiert hatte:

> Und da alle wesentlichen Ideen darin bereits kristallisiert waren, fügte der Besuch in Frankreich und Deutschland (im Gegensatz zu Burma, Spanien und Nordengland in Bezug auf seine anderen Bücher) nichts hinzu oder schuf nichts Neues. Falls er gehofft hatte, dass dies der Fall sein würde, finden sich weder in seiner Korrespondenz noch im Text von *1984* Anzeichen dafür.

Dass Orwells Engagement als Kriegsberichterstatter Zeitverschwendung war, kann aus literaturwissenschaftlicher Sicht nicht bestätigt werden. Was Orwell zwischen Februar und Mai 1945 in Frankreich, Deutschland und Österreich erlebte und beschrieb, floss zweifellos in die Arbeit an *1984* mit ein, so wie seine früheren Lebenserfahrungen in seine früheren Schriften eingeflossen waren. Bislang hat sich allerdings noch niemand mit den möglichen Auswirkungen von Orwells Deutschland-Erfahrungen auf seine letzte Schreibphase beschäftigt. Das ist unter anderem Gegenstand der folgenden Kapitel dieses Buchs.

III Als Kriegsreporter unterwegs: Paris

Nach mehr als vier Jahren nationalsozialistischer Besatzung wurde Paris Ende August 1944 von den Alliierten befreit. Im Januar 1945 scheiterte die Ardennenoffensive, die letzte Großoffensive der deutschen Streitkräfte, die den alliierten Vormarsch aus dem Westen stoppen sollte. Die Deutschen befanden sich ab diesem Zeitpunkt nur noch auf dem Rückzug. Das Ende des Zweiten Weltkriegs war in Sicht.

George Orwell verspürte den alten Wunsch, mitten im Geschehen zu sein. Sein Freund David Astor half ihm, diesen Wunsch zu erfüllen. Astor war ein leitender Redakteur bei der englischen Zeitung *Observer*, die seinem Vater gehörte. Nach dem Krieg, von 1948 bis 1975, wurde Astor der berühmte Chefredakteur des *Observer*. Anfang 1945 fragte er seinen Kumpel George, ob dieser als Kriegskorrespondent für die Zeitung über die Befreiung Frankreichs und den noch andauernden Krieg in Deutschland berichten wolle. Die *Manchester Evening News* war ebenfalls daran interessiert, Orwell als Kriegsberichterstatter zu engagieren. Orwell »wollte unbedingt einige der verbleibenden militärischen Operationen sehen und mit eigenen Augen die Ruinen von Hitlers Reich begutachten«, so sein Biograf Michael Shelden. Orwell kündigte seinen Job als Literaturredakteur bei der Zeitschrift

Tribune. Trotz seines angeschlagenen Gesundheitszustands machte er sich Mitte Februar 1945, gekleidet in der Offiziersuniform eines Kriegsberichterstatters, mit einer Schreibmaschine und einem einzigen großen Koffer als Gepäck auf den Weg nach Paris. Sheldon zufolge setzte Orwell

> erneut sein Leben aufs Spiel, nicht zuletzt, weil seine Gesundheit so fragwürdig war, dass jede Krankheit ohne angemessene medizinische Versorgung schlimme Folgen haben konnte. Dies geschah natürlich zusätzlich zu den üblichen Risiken, die mit der Berichterstattung über den Krieg verbunden waren.

Trotz des Risikos (oder vielleicht deswegen?) wollte Orwell immer an Ort und Stelle Zeuge historischer Ereignisse sein.

Am Ende des Zweiten Weltkriegs diente Paris, wie erwähnt, als Stützpunkt, von dem aus Kriegsberichterstatter an die Front gelangten. Dort wurden sie über die Entwicklungen auf dem Schlachtfeld unterrichtet und in Militärjeeps durch die Gegend gefahren. Sie wurden verpflegt und betreut, aber auch von Militärbeamten kontrolliert. Alles ausgehende Material, nicht nur Reportagen, sondern auch persönliche Briefe, unterlagen der Zensur.

In Paris checkte Orwell in der zentralen Unterkunft für Kriegsberichterstatter ein: dem legendären Hôtel Scribe in der Stadtmitte. Das Scribe war während der Besatzungszeit Hauptquartier der Nazi-Propagandamaschine gewesen und hatte den Krieg weitgehend unbeschadet überstanden. Nach August 1944 wurde es von der Abteilung für Öffentlichkeitsarbeit des Obersten Alliierten Kommandos als Stützpunkt für akkreditierte Kriegsberichterstatter genutzt. Mit seinen komfortablen beheizbaren Zimmern mit fließend

Äußerlich fast unverändert: Hôtel Scribe, 2024. © Geoff Rodoreda

warmem Wasser bot es Platz für bis zu fünfhundert Journalisten. Es war nach Angaben einer Nachrichtenagentur der verrückteste Ort in der ganzen verrückten Stadt. Hochrangige Militärs mit ihren Jeeps und sonstigen Fahrzeugen versammelten sich draußen; in der Lobby und im Speisesaal mischten sich das Klackern der Schreibmaschinen und die lauten Stimmen der Reporter mit dem Geruch von Kaffee; die Bar im Untergeschoss wurde zu einem berühmten Treffpunkt für Journalisten und hochrangige Offiziere; der Ballsaal war in einen Konferenz- und Pressebesprechungsraum umgewandelt worden, in dem riesige Landkarten hingen. Akkreditierte Korrespondenten wie Orwell wurden mit Uniformen ausgestattet, trugen Abzeichen, die sie als Korrespondenten auswiesen, und wurden zu Hauptleuten gemacht, obwohl sie keine Rangabzeichen trugen.

Am 22. Februar 1945 erklärte die *Manchester Evening News*: »MR. GEORGE ORWELL ist nach Frankreich gereist und wird in den nächsten Wochen über das Leben, die Menschen und gelegentlich auch über die Literatur dieses Landes schreiben, das er so gut kennt.« Orwell schrieb jedoch nicht über französische Literatur und beschränkte sich auch nicht auf Paris, obwohl er die Stadt und die französische Kultur gut kannte und fließend Französisch sprach. Er hatte in den späten 1920er-Jahren in Paris gelebt, als er noch Eric Blair hieß. Sein letzter Paris-Besuch fand im Jahr 1937 auf der Durchreise statt, als er von seinem Abenteuer im Spanischen Bürgerkrieg aus Barcelona nach London zurückkehrte. Statt in der relativen Bequemlichkeit des Scribe zu sitzen und auf Neuigkeiten zu warten, ging Orwell auf die Straße, um sich erneut mit der Stadt vertraut zu machen und Material für seine ersten Berichte zu sammeln.

Das Gesicht von Paris

Zunächst verfasste Orwell in seinen ersten Wochen in Paris sieben Zeitungsartikel zu Themen wie öffentliches Leben, Presse- und Meinungsfreiheit, politische Ansichten über *la grande nation*, Imperialismus, die Kirche, die Meinungen zu Großbritannien, die Abrechnung mit Kollaborateuren und die Zukunft Deutschlands nach dem Krieg.

Orwells erster offizieller Biograf, Bernard Crick, behauptet, dass Orwells frühe Reportagen aus Paris David Astor vom *Observer* enttäuscht haben müssen, da diese Stücke »allesamt eine ziemlich verkrampfte und unangenehme Mischung aus Berichterstattung und moralischer Spekulation« waren. Ein anderer Biograf, D. J. Taylor, beschreibt die frühen Texte aus Paris als »ziemlich anonyme Reportagen«. Orwell hatte zugegebenermaßen keine Zeit, längere reflektierte Artikel zu schreiben, die seinem üblichen literarischen Stil besser entsprochen hätten. Klar ist auch, dass sich seine Nachrichtenartikel zum Teil wiederholten, da er für zwei verschiedene Zeitungen oft über ähnliche Ereignisse berichtete.

Dennoch hatte jeder Bericht, den er in den ersten Wochen in Paris schrieb, während er ungeduldig darauf wartete, an die vorderste Front des Geschehens in Deutschland transportiert zu werden, etwas von Orwells gewohntem Stil: seine Beobachtungsgabe, seine Beschreibung und seine klare Analyse; seine Fähigkeit, eine Szene zu schildern und sie für eine größere Idee sprechen zu lassen; seine Fähigkeit, einen Standpunkt durch eine Szene oder durch Gespräche zu vermitteln; seine Konzentration auf die Bedeutung des scheinbar Unbedeutenden; und seine kontinuierliche Einbettung all dieser Gespräche, Eindrücke und Beobachtungen in ein größeres Bild einer Welt, die sich immer noch im Krieg befand. Tatsächlich trugen alle zwanzig Zeitungsberichte vom europäischen Kontinent die Handschrift von Orwells intellektueller Energie, seinem politischen Scharfsinn und seinem unverkennbaren Stil – zwar nicht alle in gleichem Maße, aber zumindest bis zu einem gewissen Grad. Schon sein erster Bericht zeigt Orwells Sicht auf die Welt und sein Talent als Schriftsteller. Er trägt die Überschrift »Paris Puts a Gay Face on Her Miseries« (»Paris gibt seinem Elend ein fröhliches Gesicht«) und wurde am 25. Februar 1945 im *Observer* veröffentlicht.

Bezeichnend für Orwell ist sein instinktives Interesse daran, das Leben des »einfachen Volks« zu beschreiben, was sich in seinem ersten Bericht niederschlägt. Orwell fokussiert sich nicht auf die Äußerungen von Politikern oder namhaften Generälen über den Zustand des kriegsgeplagten Frankreichs. Stattdessen begibt er sich auf die Straße; er taucht ein in die Viertel der Stadt, auch in die Arbeitervororte. Er beobachtet, er beschreibt, er zeichnet ein Bild des Pariser Straßenlebens für seine englische Leserschaft.

Konkret beginnt Orwell mit einer Beschreibung der drastischen Lebensmittelknappheit in Paris, die für die meisten Menschen die größte Sorge darstellte: »Die winzige Fleischration ist oft unerreichbar, Zucker ist sehr knapp, Kaffee […] gibt es fast nicht, und Zigaretten sind teure Raritäten, es sei denn, man ist zufällig mit einem amerikanischen Soldaten befreundet.« Es gab keine Butter, kaum Milch und keine Kohle für Privathaushalte. Er warnte davor, dass solche Probleme, mit denen die einfachen Leute konfrontiert waren, bald Ressentiments gegen die neue britische und amerikanische Besatzung wecken könnten: »Im Zentrum der Stadt, wo amerikanisches Geld in alle Richtungen fließt und ein lebhafter Schwarzmarkt floriert, könnte man glauben, dass alles in Ordnung ist.« Doch trotz der Lebensmittelknappheit und der offensichtlichen Entbehrungen berichtet Orwell auch von einer Stadt, die weit weniger schmuddelig und ramponiert ist als das schwer bombardierte London. Er sieht keine barfüßigen oder auffallend zerlumpten Menschen, fast keine Bettler oder Leute, die um Zigaretten bitten. Die Menschen »tragen sich mit einer eigentümlichen Würde«. Das ist ein typischer Orwell'scher Fokus auf das, was er oft als »common decency« (Anstand) wahrnahm; Orwell malt ein frisches und originelles Bild vom Leben in Paris zu dieser Zeit. Das sind keine »anonymen Reportagen«, sondern etwas, das nur ein Schriftsteller wie Orwell liefern kann.

Die zweite Hälfte des Berichts nimmt die Leserinnen und Leser mit auf einen Rundgang durch Paris. Orwell ist ein Stadtführer mit einem guten Auge (und mit Sinn für Humor), der schon einmal in Paris gelebt hat und beschreibt, was sich verändert hat und was nicht:

> Kaum hatte ich meinen Fuß in die Stadt Paris gesetzt, kehrte ich, wie jeder andere auch, in die Viertel zurück, die ich in den Tagen vor dem Krieg am besten gekannt hatte. Rund um Notre Dame war alles fast wie immer. Die kleinen Buchläden am Flussufer waren die gleichen, die Druckereien verkauften sogar die gleichen Drucke, die zahllosen Angler fingen immer noch nichts, die Matratzenmacher waren so fleißig wie immer an den Kais.

Orwell bemerkt bei einem Spaziergang durch das Quartier Latin auch, was jetzt fehlt: »Die verschiedenen ausländischen Kolonien, sogar die Araber, die früher den größten Teil der Schwerarbeit in Paris erledigten, schienen alle verschwunden zu sein.« Er erzählt, dass er von einem Bistrobesitzer, den er von früher kannte, mit offenen Armen empfangen wurde. Der Mann »brachte eine Flasche mit etwas, das sehr trinkbar war, obwohl es nicht das war, was auf dem Etikett stand«. Dann schließt Orwell seine erste Geschichte für den *Observer* mit einer denkwürdigen Vignette ab:

> Auf der anderen Straßenseite war das winzige Hotel, in dem ich einst gewohnt hatte, mit Brettern vernagelt und teilweise baufällig. Es schien leer zu stehen. Doch als ich an die zerbrochene Fensterscheibe meines ehemaligen Zimmers herantrat, sah ich zwei hungrig aussehende Kinder, die mir wie wilde Tiere entgegenspähten.

Nachdem wir an Orwells Freude teilhaben, den Besitzer eines Bistros zu treffen und mit ihm einen Drink zu genießen, werden wir wieder auf den Boden der Tatsachen zurückgeholt. Diese Schlusssätze erinnern an den Verfall von Paris, an die Auswirkungen von vier Jahren Krieg auf die Stadt. Ein Ort, den der Reporter selbst einst bewohnte, wird nun von den scheinbar Elternlosen, den Jungen, den Hungrigen, den Wilden bewohnt. Wie der Orwell-Experte Richard Keeble feststellt, enthüllt Orwell »das entsetzliche Leid hinter der Pariser Fassade«. Trotz allem, was in dem Artikel zuvor geschildert wird, ist dieses Schlussbild dasjenige, was uns im Gedächtnis bleibt: der Umbruch, die Zerstörung und die Auswirkungen des Kriegs auf die Allgemeinbevölkerung. Es ist wichtig, darauf hinzuweisen, dass die Recherchen für diese Geschichte nicht durch Telefongespräche oder die Suche nach einem großen Interview zusammengetragen wurden, sondern draußen auf der Straße ihre Basis haben.

De Gaulle und die Zukunft

Nachfolgende Berichte offenbaren Orwells Analysefähigkeiten: Er liest die französischen Zeitungen, er kommentiert sie wie ein geschulter Medienanalytiker auf ihre Gemeinsamkeiten, ihre Vorurteile und ihre politischen Tendenzen hin. Er berichtet über die überwältigende Unterstützung der französischen Öffentlichkeit für die harte Bestrafung ehemaliger Nazikollaborateure und für eine harte Linie gegen Deutschland mit einer militärischen Besetzung und Aufteilung des Landes durch die Alliierten. Er schreibt auch über die Versuche der katholischen Kirche in Frankreich, ihren politischen Einfluss und ihre Macht wieder geltend zu machen, und er schreibt über eine ungewöhnliche französische Vorliebe für England und die englische Widerstandskraft während des Kriegs.

In mehreren dieser frühen Berichte aus Paris äußert Orwell seine Besorgnis über die unerschütterliche und unkritische Unterstützung der französischen Öffentlichkeit für General Charles de Gaulle, von dem Orwell befürchtet, dass er sich zu einem kompromisslosen Herrscher entwickeln könnte. Orwell berichtet von einem Wiederaufleben des französischen Nationalismus und von dem scheinbar weitverbreiteten Wunsch, Frankreich »so schnell wie möglich wieder als große Militärmacht zu sehen«. Besonders kritisch sieht er de Gaulles Wunsch, dass Frankreich nach dem Krieg die Kontrolle über seine Kolonien in Indochina (Kambodscha, Laos und Vietnam) wiedererlangen sollte. Orwells Kritik an möglichen Entwicklungen der Nachkriegszeit ist auf unheimliche Weise prophetisch. Er bezweifelte zu Recht, dass es den Franzosen gelingen würde, Deutschland nach dem Krieg durch die Aufteilung unter den Alliierten strategisch zu schwächen, damit es eine untergeordnete europäische Rolle spielt. Auch seine Besorgnis um den Frieden und die Stabilität Indochinas, falls Frankreich seine imperialen Ambitionen nach dem Krieg unvermindert fortsetzen sollte, erwies sich als begründet – mit tragischen Konsequenzen. De Gaulles Weigerung, in der unmittelbaren Nachkriegszeit die Entkolonialisierung vorzunehmen, führte, wie Stephen Kearney es ausdrückt, »zu 30 Jahren der Destabilisierung, der Zerstörung, des Blutvergießens und des Verlusts von Millionen von Menschenleben« und schließlich auch zum Vietnamkrieg.

Falls es im Ballsaal des Hôtel Scribe Pressegespräche über den Fortgang des Kriegs an der Front gab, an denen Orwell hätte teilnehmen können, ist dies aus seiner Berichterstattung nicht ersichtlich. Über militärische Pressebriefings berichtete er nie. Er war mehr daran interessiert, die öffentliche Meinung und das öffentliche Leben für seine englische Leserschaft lebendig werden zu lassen; er erhob seine kritische Stimme gegen die Mächtigen und die Wunschpolitik der französischen Militärs, anstatt die Machthaber einfach unkritisch zu zitieren.

Bernard Crick argumentiert, dass Orwell »seine Arbeit gut genug gemacht« und »professionell« geschrieben habe. Aber Orwells Berichterstattung hätte »von vielen anderen genauso gut gemacht werden können«. Orwell habe »gezeigt, dass er seinen Job verstand, aber nicht geglänzt«. Es stimmt, dass Orwells relativ hastig zusammengestellte, rohe Reportagen aus Paris im Vergleich zu vielen seiner kontemplativeren, besser recherchierten Essays in Langform ästhetisch und intellektuell nicht herausragen, aber sie können nicht wirklich miteinander verglichen werden. Es handelt sich um verschiedene Arten von Texten, die zu unterschiedlichen Genres gehören. Der Punkt ist, dass sie neben anderen Standardberichten über den Kriegeben doch »glänzen«. Sie offenbaren sich nicht als Schriften eines journalistischen Schreiberlings, der lediglich Fakten und Zitate wiedergibt, sondern als die eines kreativen Schriftstellers, der versucht, ein Bild zu zeichnen. Hier schreibt ein Autor, der eindeutig gegen die vorherrschende journalistische Praxis arbeitet. Orwells Schreibstil ist nicht der eines objektiven neutralen Reporters; sein Schreiben ist geprägt von Subjektivität, der Verwendung der Ich-Form und von gelegentlichen Vermutungen darüber, was die Menschen denken könnten, wenn sie ihn in der Pariser Metro anstarren. Angeblich war David Astor beim *Observer* nicht zufrieden mit dem, was Orwell ihm lieferte. Er erhielt jedoch von ihm keine Berichte, die »von jedem hätten gemacht werden können«. Sie konnten nur von einem Schriftsteller verfasst werden, der die französische Sprache und die Stadt Paris gut kannte, der ein Auge und Ohr hatte für das, was Menschen in Paris bewegte, und der gelernt hatte, in dem schlichten und kompromisslosen Stil zu schreiben, der dem Erfahrungsschatz eines George Orwell entspricht.

Hemingway, Camus und Co.

In Paris wimmelte es zu dieser Zeit von berühmten Schriftstellern. Orwell traf eine Reihe von ihnen. Sie schrieben über die Begegnung mit dem großen, hageren, oft kränklichen Engländer. Orwell selbst dagegen erwähnte diese Zusammenkünfte nicht. Der britische Schriftsteller Harold Acton war »beeindruckt von Orwells schwermütiger Würde« und der Art, wie Orwell sein »Lungenleiden« herunterspielte. Der englische Philosoph A. J. Ayer begegnete in Paris einem Orwell, der »gutes Essen und Trinken schätzte, gerne plauderte und, wenn er nicht von Krankheit geplagt war, eine sehr gute Gesellschaft war«. Orwell verabredete sich auch mit dem französischen Schriftsteller und Journalistenkollegen Albert Camus in einem Pariser Café. Camus musste jedoch absagen, weil er krank war. Camus litt wie Orwell an Tuberkulose – und starb, wie Orwell, im Alter von 46 Jahren (allerdings bei einem Autounfall 1960 und nicht wie Orwell an seiner Tuberkulose im Jahr 1950).

Alle Schilderungen über die Begegnungen mit Orwell zu dieser Zeit heben seinen schlechten Gesundheitszustand hervor. Später, als er aus Köln berichtete, musste er sich wegen seiner Lungenerkrankung in ein Krankenhaus begeben. Jüngste Forschungen legen jedoch nahe, dass Orwell selbst während seiner Pariser Stationierung im Hôtel Scribe viel kränker war als bisher bekannt. Der kanadische Filmproduzent Robert Verrall schrieb nach dem Krieg an einen Freund Orwells, dass er im Frühjahr 1945 mit »Eric Blair« ein Zimmer im Hôtel Scribe teilte:

> Er hatte einen Fieberanfall; er bat das Zimmermädchen, ihm Tee zu machen, er bat mich, ihm die Tageszeitungen zu kaufen, und lag drei Tage lang stoisch im Bett, offensichtlich sehr krank. Mein Eindruck war, dass er sich nicht für seine Gesundheit interessierte. Leider war mir damals nicht bewusst, mit wem ich es zu tun hatte, und ich erinnere mich an wenig von unseren Gesprächen, die zu keiner Zeit tiefgründig waren, außer dass er bereit war, das Zimmer zu räumen, falls ich weibliche Gesellschaft haben wollte.

Dieser Brief zeugt nicht nur von Orwells Bescheidenheit (er gibt sich nicht als der Schriftsteller George Orwell zu erkennen), sondern auch von seinem Stoizismus angesichts seines erschreckenden Gesundheitszustands.

Die vielleicht interessanteste Begegnung Orwells in Paris war ein Treffen mit dem berühmten amerikanischen Schriftsteller Ernest Hemingway, obwohl es widersprüchliche Berichte über die Art ihrer Begegnung und sogar über den Ort ihres Treffens gibt. Dass sie sich trafen, beweist ein Brief, den Hemingway im März 1948 an Orwells Freund Cyril Connolly schrieb, in dem er erklärte: »Wenn Sie Orwell jemals sehen, erinnern Sie ihn an mich, ja? Ich mag ihn sehr […], [obwohl] ich keine Zeit hatte, als ich ihn traf.« Hemingway hatte ebenfalls ein Buch über den Spanischen

Bürgerkrieg verfasst, den Roman *Wem die Stunde schlägt* (1940).

Hemingway schreibt in einem späteren Buch, dass Orwell ihn in seinem Zimmer im Hôtel Ritz besuchte, nur wenige hundert Meter vom Hôtel Scribe entfernt. Orwell sagte, er habe Angst, von den Russen gefasst zu werden, die ihn in Spanien hatten töten wollen. Er wollte sich eine Pistole leihen und Hemingway lieh ihm eine: »Er [Orwell] war sehr hager und in schlechter Verfassung, und ich fragte ihn, ob er nicht bleiben und essen wolle. Aber er musste gehen.«

Eine zweite Version dieses Treffens stammt von einem Freund Orwells, dem britisch-kanadischen Dichter Paul Potts. Er sagt, Orwell habe ihm erzählt, das Treffen mit Hemingway habe im Hôtel Scribe stattgefunden. Orwell sah den Namen des amerikanischen Schriftstellers im Hotelregister und ging auf sein Zimmer. Er stellte sich schüchtern als Eric Blair vor, worauf Hemingway antwortete: »Well, what the fucking hell do you want?« (Was zum Teufel wollen Sie eigentlich?) Dann sagte er ihm, er sei George Orwell, und Hemingway schaltete sofort um: »Why the fucking hell didn't you say so?« (Warum zum Teufel haben Sie das nicht gesagt?) Sie tranken etwas zusammen und unterhielten sich eine Weile, aber Hemingway musste einige Minuten später gehen. Sie hatten keine Gelegenheit, ein ernsthaftes Gespräch zu führen.

Was für ein Moment! Eine kurze Begegnung von zwei großen Autoren der englischsprachigen Literatur des 20. Jahrhunderts. Sie treffen sich nur für ein paar Minuten in einem Pariser Hotelzimmer im Frühling 1945. Interessanterweise tauchen diese Persönlichkeiten weder in seinen Tagebüchern noch in den wenigen Briefen aus dieser Zeit auf.

Spionage und Überwachung

Ein möglicher Grund für Orwells mangelnde Kommunikation darüber, wen er Anfang 1945 in Paris traf und mit wem er sprach, liegt in der Annahme, dass Orwell eventuell als Spion agierte oder zumindest mit britischen oder amerikanischen Geheimdiensten zusammenarbeitete. Hierfür gibt es jedoch keine konkreten Beweise; im besten Fall ein paar indirekte Indizien.

Dass Orwell jedoch selbst ausspioniert wurde, gilt als sicher. Vom Beginn seiner journalistischen Laufbahn in Paris 1929 bis zu seinem Tod im Jahr 1950 wurde er von verschiedenen internationalen Spionagenetzen überwacht. Der britische Auslandsgeheimdienst SIS (Secret Intelligence Service), allgemein bekannt als MI6, bespitzelte Eric Blair 1929, als er in Paris lebte. Wegen seiner schriftstellerischen Tätigkeit für linke Zeitungen und wegen seiner möglichen Verbindungen zu kommunistischen Netzwerken war er den britischen Behörden suspekt. In seinem ersten Buch, *Erledigt in Paris und London* (1933), schreibt Orwell über den Besuch eines kommunistischen Verstecks in Paris mit dem russischen Migranten Boris. Dieser hatte ihn dort eingeführt und versucht, Orwell dazu zu bewegen, für Moskauer Zeitungen über die britische Politik zu schreiben. Dieser Plan scheiterte, da Orwell fürchtete, wegen seiner Aktivitäten aus Frankreich ausgewiesen zu werden.

> Die Pariser Polizei ist sehr hart zu Kommunisten, vor allem wenn sie Ausländer sind, und ich stand bereits unter Verdacht. Einige Monate zuvor hatte mich ein Detektiv aus dem Büro einer kommunistischen Wochenzeitung kommen sehen, und ich hatte viel Ärger mit der Polizei

gehabt. Wenn sie mich dabei erwischten, wie ich zu diesem Geheimbund ging, könnte das meine Ausweisung bedeuten.

In der Tat stand die Pariser Polizei zu dieser Zeit in Kontakt mit dem britischen SIS. Orwells persönliche Sicherheitsakte, die erst vor einigen Jahren freigegeben wurde, enthält einen Bericht über seine Schreib- und Lesegewohnheiten.

> Er verbringt seine Zeit mit der Lektüre verschiedener Zeitungen […], aber man hat ihn bisher nicht gesehen, wie er sich in Paris unter Kommunisten mischt, und bis er das tut, [sind wir] der Meinung, dass die Franzosen sich nicht mit ihm anlegen werden.

Seit seinem Zusammentreffen mit den von der Sowjetunion unterstützten Kommunisten im Spanischen Bürgerkrieg im Jahr 1937 war Orwell besorgt, wegen seiner antikommunistischen Haltung von einem sowjetischen Spion getötet zu werden. Hemingway war nicht die einzige Person, die er um eine Waffe bat, um sich vor einem möglichen Angriff von dieser Seite zu schützen. Er wähnte sich von Stalinisten verfolgt.

Der Verdacht, dass Orwell im Paris des Jahres 1945 nicht mehr Zielscheibe, sondern Kollaborateur des britischen Geheimdiensts war, beruht vor allem auf der engen Freundschaft mit seinem Arbeitgeber, David Astor. Astor arbeitete seit 1939 mit dem britischen Geheimdienst zusammen. Zu Beginn des Zweiten Weltkriegs war Astor im Marinegeheimdienst tätig; er arbeitete an der Seite von Ian Fleming, dem Autor der James-Bond-Spionageromane. Später engagierte sich Astor in der »Special Operations Executive«, die Spionage, Sabotage und Aufklärung in Zusammenarbeit mit Widerstandsgruppen in Europa betrieb. Astor lernte Orwell 1941 kennen, und die beiden blieben ein Leben lang enge Freunde.

Es bleibt ein Rätsel, wie der kränkliche George Orwell 1945 die medizinische Prüfung bestehen konnte, um als Kriegsberichterstatter eingesetzt zu werden. Zu Beginn des Kriegs hatte er solche medizinischen Tests nicht bestanden. Es wird vermutet, dass Astor seine Beziehungen spielen ließ, um Orwell den Job zu ermöglichen. Laut dem Medienwissenschaftler Richard Keeble verhalf Astor Orwell dazu, in Paris an der ersten Konferenz des Komitees für die Europäische Föderation teilzunehmen, die Widerstandsgruppen aus ganz Europa zusammenbrachte: »War Orwells Berichterstattung die Tarnung für eine Geheimdienstmission?«, fragt Keeble.

Sowohl Keeble als auch ein anderer Orwell-Experte, Darcy Moore, weisen darauf hin, dass die meisten der wichtigen Personen, die Orwell in Paris traf, für den einen oder anderen Geheimdienst tätig waren. Harold Acton arbeitete als Pressezensor für die alliierten Streitkräfte; A. J. Ayer war ein britischer Geheimdienstmitarbeiter in Paris; ein weiterer guter Freund Orwells, Malcolm Muggeridge, der sich auch in Paris aufhielt und dort mit Orwell zusammentraf, war ebenfalls Spion des SIS. Hemingway hatte enge Verbindungen zum amerikanischen Geheimdienst.

Keeble interviewte Astor im Jahr 2000, ein Jahr vor dessen Tod: »Astor beharrte darauf, dass Orwell keine Verbindungen zum Geheimdienst hatte.« Auch andere Orwell-Forschende bezweifeln, dass Orwell als Spion für die britische Regierung gearbeitet haben könnte. Seine Schriften lassen nicht erkennen, dass er einschlägige Regierungspositionen vertrat.

Die Spekulationen über Orwells Verbindungen zu den Geheimdiensten verstärkten sich jedoch, nachdem in den 1990er-Jahren die »Liste« enthüllt wurde. Dabei handelt es sich um eine Liste von vermeintlichen Kommunisten oder kommunistischen Sympathisanten, die Orwell und sein Freund Richard Rees über mehrere Jahre hinweg zusammenstellten. Die ursprüngliche Liste enthielt mehr als hundert Namen. 1949 bat Orwells enge Freundin Celia Kirwan, die für eine geheime Propagandaeinheit im britischen Außenministerium arbeitete, Orwell, ihr eine Liste mutmaßlicher Kommunisten-Sympathisanten zukommen zu lassen. Die genannten Personen sollten keine Demokratisierungs- und Antikommunismusarbeit für die Regierung leisten. Orwell schickte Kirwan mehr als dreißig Namen. Die Enthüllung der Existenz dieser Liste führte zu einer kritischen Neubewertung von Orwells Engagement für Meinungsfreiheit und die Begrenzung staatlicher Macht.

Orwell sagte Kirwan damals, er halte die Liste für »nicht sehr sensationell« und würde ihr nichts sagen, was sie nicht schon wüsste. Das britische Auswärtige Amt scheint Orwells Liste keine große Beachtung geschenkt zu haben – einige der genannten Personen entpuppten sich erst Jahre später als sowjetische Spione. Richard Keeble vermutet, dass Orwells mögliche Verbindungen zum britischen Geheimdienst und die Liste, die er Kirwan zur Verfügung stellte, eine neue Perspektive auf *1984* bieten:

> Ist es nicht verwunderlich, dass Orwells letzter großer Roman eine Welt des Großen Bruders, der Kinderspione und der Telefonüberwachung beschreibt, in der die Überwachung des Staates in das innerste Privatleben des Einzelnen eindringt? Orwells ambivalente Haltung zu so

ziemlich allem spiegelt sich in seinen Reaktionen auf den Geheimstaat wider. Auf der einen Seite unterstützte er ihn und freundete sich mit einigen seiner Mitarbeiter an. Aber er sah auch die wachsenden Befugnisse des Geheimstaates und war entsetzt.

Orwells erste Wochen als Kriegsberichterstatter in Paris waren daher von Intrigen und Geheimnissen geprägt. Dennoch fand Orwell zwischen Krankheitsepisoden, üppigen Mahlzeiten und Treffen mit bedeutenden Schriftstellern die Zeit, sieben gut recherchierte und prägnante Artikel für seine britische Leserschaft zu schreiben. Die ganze Zeit über sehnte er sich jedoch danach, Paris zu verlassen und die Frontlinie der Kämpfe in Deutschland zu erreichen. »Ich versuche, ein paar Tage nach Köln zu gelangen«, schrieb er am 17. März 1945 an seine Verleger in London, »aber es gibt immer wieder Verzögerungen.« Schließlich schaffte er es einige Tage später an die Front und betrat zum ersten Mal deutschen Boden, nämlich in der rheinischen Stadt Köln.

IV »Endlich auf deutschem Boden«: Ein Besuch in Köln

Nach mehr als einem Monat in Paris gelingt es Orwell schließlich, in der letzten Märzwoche 1945 eine Art Transport nach Köln zu organisieren. Orwell ist schockiert von dem, was ihn dort erwartet. Er hat erlebt, was deutsche Bomber im Zweiten Weltkrieg in London angerichtet haben. Er hat die Zerstörung gesehen, die aus der Luft über andere englische Städte gebracht wurde. Aber was er in Köln sieht, verblasst demgegenüber. Die Rheinmetropole war im Zweiten Weltkrieg das Ziel von über zweihundertsechzig alliierten Bombenangriffen, mehr als in jeder anderen deutschen Stadt. Am 6. März 1945 wurde Köln von amerikanischen Truppen eingenommen. Erstaunlicherweise standen die Zwillingstürme des Kölner Doms noch, aber fast die gesamte Altstadt lag in Trümmern, und die Stadt war mehr oder weniger menschenleer.

Orwells erster Bericht aus Deutschland, der am 25. März in *The Observer* veröffentlicht wird, zeigt den typischen Orwell-Fokus: Der Schwerpunkt liegt nicht auf den Erklärungen und Pressestatements der Generäle, sondern auf der alltäglichen Realität der einfachen Menschen in einer vom Krieg zerrütteten Metropole. Der Text ist gespickt mit einprägsamen szenischen Bildern, und Orwells Ton ist nicht der des hochmütigen alliierten Siegers, sondern der des empathischen Besuchers. Der Titel zu diesem Artikel im *Observer* lautet: »Ordnung schaffen im Kölner Chaos: Wasserversorgung aus Karren«.

Deutschland ist ins Mittelalter zurückgebombt worden. Orwell beschreibt einen Ort, an dem Pferde eine verzweifelte Bevölkerung mit dem Nötigsten versorgen, weil die städtische Infrastruktur des 20. Jahrhunderts zerstört ist. Er berichtet von einer völlig zerstörten, symbolträchtigen deutschen Stadt, die im Chaos versunken ist, aber begonnen hat, aus der Asche heraus wieder eine gewisse Ordnung und einen Anschein von Normalität zu schaffen.

Orwells Bericht aus Köln ist der am häufigsten zitierte und der am meisten erwähnte aus seiner Zeit als Kriegsberichterstatter. Das Zentrum der Stadt, so Orwell, »das einst für seine romanischen Kirchen und Museen berühmt war, ist ein einziges Chaos aus gezackten Mauerteilen, umgestürzten Straßenbahnen, zertrümmerten Statuen und riesigen Schutthaufen, aus denen sich Eisenträger wie Rhabarberstangen herausschieben«.

In wenigen kurzen und prägnanten Worten zeichnet Orwell das Bild einer Welt, die durch den Krieg von innen nach außen gekehrt wurde. Die Stahlträger liegen verschoben und verdreht in den Trümmern und werden – in Orwells einprägsamer Bildsprache – mit der Biegsamkeit und Form von Rhabarberstangen verglichen. Orwells Bilder orientieren sich an seinem bodenständigen Fokus.

Genau wie in Paris geht er durch die Straßen, um herauszufinden, wie die einfachen Menschen mit den wesentlichen Dingen des täglichen Lebens zurechtkommen. »Die Stadt hat kein Leitungswasser, kein Gas, keine Verkehrsmittel und nur genügend Strom für bestimmte lebenswichtige

Aufgaben wie den Betrieb der elektrischen Öfen einiger Bäckereien.« Das Brot hat höchste Priorität.

»Allerdings«, berichtet Orwell, »scheinen die Deutschen noch über recht gute Lebensmittelvorräte zu verfügen, und die Militärregierung – in dieser Gegend rein amerikanisch – geht die Reorganisation mit lobenswerter Energie an.«

Die Gesetzlosigkeit und die Gewalt, die oft in dem Vakuum zwischen dem Zusammenbruch eines besiegten Regimes und der Einsetzung einer neuen Regierung entsteht, waren auch in Köln offensichtlich. »In den ersten Tagen der Besetzung kam es zu umfangreichen Plünderungen unter der Zivilbevölkerung, und es war offensichtlich notwendig, einige Zivilpolizisten einzusetzen.« Orwell berichtet auch von den Versuchen der amerikanischen Militärregierung in Köln, die notwendige Infrastruktur aufzubauen. Unter anderem wurde ein Gesundheitsdienst eingerichtet, eine deutschsprachige Wochenzeitung herausgegeben und die Hälfte der Bevölkerung schon mit Fingerabdrücken registriert, damit neue Lebensmittelkarten verteilt werden konnten. Auch ein neuer Polizei- und Justizapparat musste aufgebaut werden.

Unter der Leitung eines erfahrenen amerikanischen Polizisten ist bereits eine Truppe von etwa 150 Deutschen, unbewaffnet und ohne Uniform, im Einsatz. Bei diesen und allen anderen Mitarbeitern der Militärregierung gilt der Grundsatz, niemals einen bekannten Nazi in irgendeiner Funktion zu beschäftigen.

Der neue Polizeichef ist zum Beispiel ein Jude, der dieses Amt bis 1933 innehatte und dann von den Nazis vertrieben wurde. Für die Verfolgung von Straftaten, die von Spionage bis hin zu Verstößen gegen die Straßenverkehrsordnung reichen, wurden drei separate Gerichte eingerichtet.

Das vom Krieg zerstörte Köln, 1945. © akg images

Orwell selbst nahm an der ersten Sitzung des Vermittlungsgerichts teil. Angeklagt war ein Referent der Hitlerjugend (HJ), der angeblich versucht hatte, seine Funktion zu verschweigen und den amerikanischen Behörden eine Liste von HJ-Mitgliedern vorzuenthalten. Der Angeklagte wurde seiner Verbrechen für schuldig befunden und zu einer Gefängnisstrafe verurteilt. »Die Fairness des gesamten Verfahrens war so beeindruckend, dass selbst der deutsche Anwalt, der ihn verteidigte, dies bemerkte.«

Es handelt sich hier um einen kurzen, aber wichtigen Moment der deutschen Nachkriegsgeschichte. Orwell beobachtet den Beginn einer neuen, von den Amerikanern unterstützten, auf Gerechtigkeit und Rechtsstaatlichkeit basierenden politischen Ordnung für das Nachkriegsdeutschland. Um der Stabilität und des Friedens willen soll dieses große

Land in der Mitte des europäischen Kontinents nicht von den Siegern niedergehalten, gedemütigt und in mutwilligen Racheakten bestraft werden. Stattdessen soll es Hilfe beim Wiederaufbau demokratischer und rechtsstaatlicher Institutionen erhalten. Orwell ist in Köln, um die Geburtswehen Nachkriegsdeutschlands mitzuerleben.

Köln war auch der Geburtsort und die politische Heimat des ersten deutschen Nachkriegskanzlers Konrad Adenauer. Er war von dort 1917 bis 1933 Oberbürgermeister. Weil er sich weigerte, mit den Nazis zu kooperieren, als diese 1933 die Macht übernahmen, wurde Adenauer seines Amts enthoben. Er wurde als Verräter denunziert, fand teilweise Schutz in einem Kloster und wurde mehrmals inhaftiert, weil man ihn verdächtigte, den Widerstand zu unterstützen. Während Orwell als Augenzeuge des Erneuerungsprozesses von Justiz und Verwaltung in Köln war, begann die amerikanische Militärregierung mit der Suche nach Führungspersönlichkeiten ohne NS-Hintergrund für die zukünftige Verwaltung der Stadt. In den Wochen nach Orwells Besuch führte sie Gespräche mit Adenauer. Am 4. Mai 1945 wurde er als Oberbürgermeister der Rheinmetropole wieder in sein Amt eingesetzt. Kurz darauf übernahm das britische Militär die Verwaltung der Stadt, und der Wiederaufbau begann.

Jenseits der Propaganda

Orwells Schwerpunkt und sein Tonfall ändern sich im letzten Teil seines Berichts aus Köln. Er tritt dem vorherrschenden Bild von den Deutschen als Feindesvolk entgegen und wird in seinem Schreiben persönlicher, sogar emotionaler.

Zuerst drückt Orwell seine Erleichterung aus, in Deutschland angekommen zu sein: »Nach Jahren des Kriegs ist es ein äußerst eigenartiges Gefühl, endlich auf deutschem Boden zu stehen.« Dann versucht er, die gewöhnlichen Deutschen zu vermenschlichen, indem er über ihren Alltag berichtet, den Alltag eines Volks, das selbst leidet: »Das *Herrenvolk* ist überall um einen herum und schlängelt sich auf seinen Fahrrädern zwischen den Trümmerhaufen hindurch oder eilt mit Krügen und Eimern dem Wasserwagen entgegen.« Noch vor wenigen Tagen waren diese Leute Englands Feinde. Jetzt stellen sie keine Bedrohung mehr dar.

> Es ist seltsam, sich vorzustellen, dass dies die Menschen sind, die einst Europa vom Ärmelkanal bis zum Kaspischen Meer beherrschten und vielleicht auch unsere Insel erobert hätten, wenn sie gewusst hätten, wie schwach wir waren. Die Propaganda, vor allem ihre eigene Propaganda, hat uns gelehrt, sie als groß, blond und arrogant zu sehen.

Weiterhin versucht Orwell, Stereotype zu demontieren:

> Was man in Köln tatsächlich sieht, sind kleine, dunkelhaarige Menschen […] in keiner Weise außergewöhnlich. Sie sind besser gekleidet und, so wie sie aussehen, besser ernährt als die Menschen in Frankreich und Belgien, und sie haben neuere Fahrräder und mehr Seidenstrümpfe als wir in England: Mehr gibt es eigentlich nicht zu bemerken.

Der Feind habe nichts Außergewöhnliches an sich, es seien Menschen wie die Engländer. Und sie sind nach Orwells Einschätzung nicht unterwürfig geworden; sie halten ihren Kopf immer noch mit einer gewissen Würde hoch:

> Die Unterwürfigkeit, die bereits von mehreren Beobachtern bemängelt wurde, ist mir nicht besonders aufgefallen. Es stimmt zwar, dass einige versuchen, sich beliebt zu machen […], aber die Mehrheit wirkt distanziert und möglicherweise leicht feindselig.
>
> In einigen Augen, die mir begegneten, konnte ich eine Art von geschlagenem Trotz erkennen, der […] für mich zu bedeuten scheint, dass diese Menschen sich schrecklich dafür schämen, den Krieg verloren zu haben.

In den Trümmern von Köln trifft Orwell auf ein Volk, das nicht dem Bild entspricht, das die Kriegspropaganda von Joseph Goebbels von ihm zeichnete. Die Tatsache, dass Orwell das Wort »Propaganda« in diesem Bericht zweimal verwendet, zeigt, dass er sich als Autor und politischer Analytiker für die Art und Weise interessiert, in der autoritäre Regime versuchen, Nachrichten und Bilder zu manipulieren, um ihre eigene Politik als tugendhaft hervorzuheben und gleichzeitig die des erklärten Feinds zu diffamieren. Orwell war während des Spanischen Bürgerkriegs in Barcelona Zeuge der sowjetisch-kommunistischen Propaganda geworden und deshalb sensibilisiert für diese Art der verbalen Kriegsführung.

Selbstkritisch sah er auch seine frühere Arbeit bei der BBC als eine leichtere Form der Propaganda, als er während des Kriegs Nachrichten und Informationen über die britische Außenpolitik verfasste. Ihm war bewusst, was Propaganda anrichten kann. Er hatte die von Goebbels produzierte Nazipropaganda gesehen, gelesen und darüber geschrieben. In Köln erlebt und beschreibt Orwell die Kluft zwischen glaubhafter Fiktion und komplexen Realitäten. Die Deutschen, zumindest die, die ihm in Köln begegnen, sind nicht groß, blond und blauäugig, sondern eher kleinwüchsig und dunkelhaarig. Sie sind nicht die bedrohlichen Übermenschen des Nazifilmmaterials, sondern zurückhaltend, distanziert und offenkundig kriegsmüde.

Was Orwell in England über Goebbels' ausgeklügelte Propagandamaschinerie gesehen und gelesen hatte, kontrastierte mit seinen eigenen Beobachtungen und Erfahrungen in Deutschland. Der Einfluss der Propaganda wird in Orwells letztem großen fiktionalen Werk, *1984*, als unverzichtbar für den Machterhalt des Regimes dargestellt.

Orwell bei Aachen

Es wurde erst Anfang der 2020er-Jahre bekannt, dass Orwell während seines Deutschlandaufenthalts Ende März 1945 auch ein Lager für sogenannte Displaced Persons bei Aachen besucht hatte. Die Forschung wusste bis dahin nur von dem »Kölner Chaos«-Artikel vom 25. März 1945. 2021 erschien ein weiterer Artikel von ihm mit dem Titel »›Displaced‹ Are Allied Problem« (Vertriebene sind ein Problem der Alliierten) im Sammelband *Ruins*.

In der ansonsten umfangreichen Sammlung von Orwells Kriegsberichten, die im offiziellen Orwell-Archiv des University College London aufbewahrt wird, findet sich kein Exemplar dieses Artikels. Ein möglicher Grund dafür mag in der Kürze des Berichts liegen, der zudem an einer ungewöhnlichen Stelle in den *Manchester Evening News* abgedruckt wurde: am unteren Rand von Seite 4. Diese Seite war normalerweise in allen Kriegsausgaben dieser Zeitung für lokale Nachrichten und Ereignisse aus Manchester reserviert. Alle anderen Artikel Orwells für die *Manchester Evening News* erschienen an prominenter Stelle, nämlich oben auf Seite 2.

Orwell beginnt seinen Bericht mit dem problematischen »Erfolg« der alliierten Streitkräfte: »Mit jeder Meile, die die alliierten Armeen in deutsches Gebiet vordringen, haben sie ein größer werdendes Problem – das der sogenannten Displaced Persons.« Orwell erklärt, es handele sich bei den Displaced Persons (DPs) um britische, amerikanische und russische Kriegsgefangene sowie, um bei seiner Terminologie zu bleiben, um »deportierte« Zivilisten, die von den alliierten Truppen befreit wurden. (Hier lag Orwell falsch, denn Kriegsgefangene sind keine DPs. Der Begriff wird für Zwangsarbeiter:innen, ihre Familien und andere Deportierte und Vertriebene benutzt. Orwell korrigierte dieses Missverständnis in einem späteren Bericht.) Orwell schreibt weiter, dass die DPs in speziellen Lagern untergebracht werden müssten und für die alliierten Streitkräfte ein großes logistisches Problem darstellten:

> Es gibt bereits Zehntausende von ihnen, und in kurzer Zeit werden es Millionen sein. Nach und nach werden sie befreit und in große Lager hinter der Frontlinie gebracht, wo sie registriert, verpflegt und betreut werden, bis ein Transport für ihre Heimreise zur Verfügung steht.

Orwell schildert seine persönlichen Eindrücke: »Ich habe eines dieser Lager in der Nähe von Aachen besucht. Es war einst eine deutsche Kaserne und bestand aus den üblichen roten Backsteingebäuden, die einen mehrere Hektar großen Paradeplatz umgaben.«

Orwell nennt das Lager zwar nicht namentlich, aber seine Hinweise lassen vermuten, dass es sich um die Lützow-Kaserne am Stadtrand von Aachen handeln könnte. Lützow war eine Kaserne für deutsche Truppen während des

Zweiten Weltkriegs. Nach der Einnahme Aachens durch die US-Armee am 21. Oktober 1944 wurde die Anlage zur Notunterkunft für ausgebombte Einwohner Aachens. Später wurde sie von den Amerikanern als *refugee camp* oder Internierungslager benutzt. Heute ist Lützow eine Kaserne der Bundeswehr und trägt immer noch denselben Namen. So wie Orwell das Lager beschreibt, ist es wahrscheinlich, dass DPs *und* befreite alliierte Kriegsgefangene temporär in derselben Kaserne untergebracht wurden oder dass zwei Lager sich nah beieinander befanden.

Die Lagerbedingungen sind für Orwell von besonderem Interesse. Wie behandeln die Alliierten ihre eigenen befreiten Soldaten sowie die »deportierten« Zivilisten? In welchem Zustand sind die zurückgekehrten Soldaten angesichts von Berichten über die Misshandlung alliierter Kriegsgefangener durch die Deutschen? In dem Aachener Lager gibt es zwar viele Decken, aber nicht genug Betten für die rund vierzehntausend Menschen, die dort untergebracht sind. Das Essen ist gut, und es gibt auch eine Krankenversorgung. Während Orwell dort ist, wird er Zeuge der Ankunft von sechs Lastwagen mit neuen Gruppen von Vertriebenen (oder Soldaten):

> Wie die anderen waren auch diese DPs schäbig oder sogar zerlumpt, aber ich war erstaunt, dass sie nicht schlecht ernährt aussahen. Fast alle DPs schienen mir sogar dicker und gesünder zu sein als die allgemeine Bevölkerung in Frankreich oder Belgien. Der Offizier, der mich begleitete, bestätigte dies. Die DPs, sagte er, kommen normalerweise in recht guter körperlicher Verfassung an. Die Deutschen hatten sie nicht unterernährt.

Orwell kommt zu dem Schluss, dass sich die Deutschen »anscheinend nicht unmenschlich« gegenüber alliierten Kriegsgefangenen und DPs verhalten haben. Orwell ist Zeuge einer relativ anständigen Behandlung der DPs in diesem Lager bei Aachen, aber er bekommt ein verzerrtes Bild. Nach Kriegsende wurden im gesamten von Deutschland besetzten Europa etwa elf Millionen ausländische Arbeiterinnen und Arbeiter und Vertriebene befreit. Eine große Anzahl von ihnen war im System der Zwangsarbeit eingesetzt worden. Sie wurden missbraucht und ausgebeutet. Viele starben an den Folgen schwerer Unterernährung, schlechter Lebensbedingungen und Misshandlungen. Was die Kriegsgefangenen anbelangt, so hielt sich Deutschland gegenüber den alliierten Gefangenen weitgehend an die Genfer Konvention. Anders sah es bei den sowjetischen Soldaten aus – sie wurden schwer misshandelt. Etwa drei Millionen der fast sechs Millionen sowjetischen Kriegsgefangenen starben in Gefangenschaft, größtenteils an Hunger und Krankheiten, aber auch durch Hinrichtungen.

Nichtsdestotrotz, in Orwells Berichten wird deutlich, dass er versucht, einem feindlichen Volk, dem deutschen Volk, nach dem Ende des Kriegs wieder Menschlichkeit zu verleihen. Er arbeitet daran, die in den Köpfen seiner englischen Leserschaft verankerten Vorurteile gegenüber den Deutschen abzubauen, und möchte das vorherrschende Bild von durch das Nazisystem gefertigten Robotern, die blind gehorchen und ohne Gewissensbisse Verbrechen begehen, durch ein neues Bild ersetzen. Zwar haben Nazioffiziere und -soldaten während des Zweiten Weltkriegs in weiten Teilen Europas in krimineller und mörderischer Absicht gehandelt und Völkermord in einem noch nie dagewesenen Ausmaß begangen. Orwell sieht jedoch in dem Lager bei

Aachen Ende März 1945 keine klaren Beweise dafür. Auch ist er der Überzeugung, dass sich die Haltung der Alliierten gegenüber dem ehemaligen Feind ändern muss, wenn Deutsche, die sich nicht der Naziideologie verschrieben hatten, mit dem Wiederaufbau des Landes betraut werden sollen.

Krankheit und Tod

Wegen seines schlechten Gesundheitszustands hätte Orwell wahrscheinlich nicht als Kriegsberichterstatter auf den Kontinent reisen sollen. In Paris hatte er bereits mindestens einen schweren Krankheitsanfall erlitten, der ihn für mehrere Tage ans Bett gefesselt hatte. Während er in Köln war, erkrankte er erneut, möglicherweise an einer Bronchitis oder einer weiteren Lungenentzündung. Er musste sogar zur Behandlung ins Krankenhaus eingeliefert werden. Einem Freund schrieb er, es sei ihm zu dieser Zeit so furchtbar schlecht gegangen, dass er gedacht habe, er würde sterben. Wie er in diesem Zustand weiterhin regelmäßig Zeitungsberichte verfassen konnte, ist ein Rätsel.

Ein zweiter Grund, warum Orwell den Job als Kriegsberichterstatter wahrscheinlich hätte ablehnen sollen, war, dass seine Familie ihn in London brauchte. Seine Frau Eileen war selbst gesundheitlich sehr angeschlagen und musste sich allein um ihren erst kürzlich adoptierten Sohn Richard kümmern. Seit Jahren litt sie an Blutarmut, Schwindelanfällen und Blutungen; doch in den letzten Monaten waren die Schmerzen stärker geworden. Ebenso stoisch wie ihr Mann versuchte sie, solche gesundheitlichen Probleme herunterzuspielen oder zu ignorieren. Während er in Paris und Deutschland weilte, ging sie zum Arzt und erfuhr, dass sie einen Gebärmuttertumor hatte. Sie brauchte dringend eine Hysterektomie. Der schwerwiegende Eingriff galt zu der Zeit als »routinemäßig«. Ein Termin wurde für den 29. März in einem Krankenhaus in der englischen Stadt Newcastle festgelegt.

Während Orwell selbst noch im Krankenhaus lag, möglicherweise in Köln, wahrscheinlicher aber in Paris (es gibt widersprüchliche Berichte über seinen Aufenthaltsort zu diesem Zeitpunkt), erhielt er per Telegramm die schockierende Nachricht, dass Eileen während der Operation gestorben war. »Herzversagen während der Narkose« lautete die offizielle Erklärung auf ihrem Totenschein. Sie war neununddreißig Jahre alt geworden. Orwell nahm acht Schmerztabletten, entließ sich selbst aus dem Krankenhaus und schaffte es, einen Flug – offenbar seinen ersten überhaupt – zurück nach London zu organisieren. Er reiste nach Newcastle, um seine Frau zu beerdigen. Einige von Eileens Freundinnen warfen ihrem Mann vor, sich nicht richtig um Eileen gekümmert zu haben. »Obwohl menschenfreundlich, war George völlig egoistisch«, schreibt eine Freundin. »Ich hatte immer das Gefühl, dass er sich nicht genug um sie gekümmert hat«, so eine andere. (Eine dritte Freundin vermerkte allerdings: »[George] konnte sich nicht einmal um sich selbst kümmern.«) Bei Orwells Biograf, Michael Shelden, heißt es:

> Orwell war zu sehr in seiner Faszination für die letzten Tage des Dritten Reiches gefangen, um der Situation zu Hause die gebührende Aufmerksamkeit zu schenken, und er hatte sich an den Gedanken gewöhnt, dass Eileen ohne ihn auskommen würde. Er hatte seine Arbeit zu erledigen, sie hatte ihre, und das war's. Keiner von beiden würde etwas erreichen, wenn sie zu viel Zeit damit verbrächten, sich um den anderen zu sorgen.

Eine weitere Vertraute von Eileen schrieb, dass Orwell »Eileen einen enormen Anteil an seinem Erfolg als Schriftsteller verdankte«, da sie ihn versorgte, sich um seine Launen kümmerte, seine Manuskripte abtippte und ihm sogar half, *Farm der Tiere* zu schreiben, wie es heutzutage vermutet wird. Dieselbe Vertraute fährt fort: »Es ist wirklich schade, dass sie der Welt nur als seine ›erste Frau‹ bekannt sein wird. Sie war ein so wunderbarer Mensch, und ich bin sicher, dass sie ihm alles gegeben hat, um ihm zum Erfolg zu verhelfen.« Eine andere langjährige Freundin von Eileen erklärte, dass diese

> mit all ihrem Geschick und ihrer Intelligenz über seine Gesundheit gewacht hat – und von beidem hatte sie reichlich. Ihr bewusstes, unbeirrbares Ziel war es, ihm zu helfen, seine Bestimmung zu erfüllen – das heißt, seine Schriftstellerei zu betreiben, das zu sagen, was er zu sagen hatte auf die Art und Weise, wie er es wollte […]. Seine Krankheit ließ sie ihren Blick auf ihn als den am meisten Bedrohten richten, aber sie war es, die zuerst erlag.

Eileens Tod war »ein furchtbarer Schock« für Orwell, »eine furchtbar grausame und dumme Sache, die passiert ist […]. Niemand hatte damit gerechnet, dass etwas schiefgehen könnte.«

Nach der Beerdigung reiste Orwell zurück nach London, aber er war entschlossen, dort nicht lange zu bleiben. Er sorgte dafür, dass sich Freunde um seinen Sohn Richard kümmerten, damit er nach Deutschland zurückkehren konnte, um weiter über das Kriegsende zu berichten. »Ich fühlte mich zu Hause so unwohl«, schrieb er an einen Freund. »Ich dachte, ich sollte lieber eine Weile unterwegs sein.« Er erklärte einem anderen Freund: »Ich möchte zurückgehen und weiter berichten; möglicherweise werde ich mich nach ein paar Wochen des Herumfahrens in Jeeps usw. besser fühlen.«

Eine seltsame Form der Therapie vielleicht, aber dies war die Art und Weise, wie Eric Arthur Blair mit dem Schmerz über den Verlust seiner Frau, Eileen Maud Blair, geborene O'Shaughnessy, umging. Sie waren mehr als achteinhalb Jahre verheiratet.

V Wohin, Deutschland? Das Dorfleben bei Nürnberg und die Zukunft Europas

Das Ende des Kriegs ist nun in Sicht. Deutschland wird von den alliierten Truppen überrannt. Die Amerikaner sowie die Briten und Franzosen greifen von Westen her an. Die sowjetischen Truppen nähern sich Berlin von Osten her. Orwells Aufenthalt in Köln macht ihm das Ausmaß der Zerstörung deutscher Städte bewusst und sein Besuch im Aachener Flüchtlingslager führt ihm die große Zahl der durch den Krieg entwurzelten Menschen in ganz Europa vor Augen.

Als er Anfang April 1945 nach dem plötzlichen Tod seiner Frau nach Paris zurückkehrt, wendet sich Orwell der Frage zu, was aus Deutschland nach dem Krieg werden solle. In seinen früheren Berichten hatte er über die französische Abneigung dagegen geschrieben, Deutschland seine Zukunft selbst bestimmen zu lassen. General Charles de Gaulle vertrat eine harte Linie. Diese große, widerspenstige Nation müsse in Schach gehalten werden. De Gaulle wollte Deutschland territorial zerschlagen und durch alliierte Streitkräfte besetzen; doch Frankreichs Verbündete, vor allem die USA, waren gegen diese Politik. Um Frieden und Stabilität im Nachkriegseuropa zu erhalten, so Orwells Meinung, müsse Deutschland wiederaufgebaut werden.

Der Anblick der Ruinen Kölns hatte Orwell bestürzt. Er war nun mehr denn je davon überzeugt, dass Deutschland nicht nur eine Chance zum Wiederaufbau erhalten müsse, sondern auch die Unterstützung der Alliierten bei der Verwirklichung dieses Ziels brauche. Orwell, der die außergewöhnliche Gabe besaß, das große Ganze zu sehen (und oft auch zu prophezeien), war ein früher Befürworter dessen, was später als Marshallplan bekannt wurde, in dessen Rahmen mehr als dreizehn Milliarden US-Dollar in den Wiederaufbau Europas flossen.

»Zukunft eines ruinierten Deutschlands« lautete die Überschrift des Berichts, den Orwell aus Paris für *The Observer* schrieb und der am 8. April erschien. Die Geschichte beginnt mit einer unmittelbaren Fokussierung auf das Problem der Zukunft Deutschlands, wie Orwell sie sah:

> Während der Vormarsch auf Deutschland weitergeht und immer mehr von der Verwüstung, die die alliierten Bombenflugzeuge angerichtet haben, ans Tageslicht kommt, gibt es drei Kommentare, die fast jeder Beobachter von sich gibt. Der erste lautet: »Die Menschen zu Hause haben keine Vorstellung davon.« Der zweite lautet: »Es ist ein Wunder, dass sie weitergekämpft haben.« Und drittens: »Man denke nur an die Arbeit, das alles wiederaufzubauen!«

Orwell warnte davor, Deutschland bei den notwendigen Wiederaufbauarbeiten sich selbst zu überlassen. Er behauptete, die Menschen in Großbritannien,

> haben sich bei der Bombardierung von Zivilisten nie gut gefühlt, und zweifellos werden sie bereit sein, die Deutschen zu bemitleiden, sobald sie sie endgültig besiegt haben. Aber

was sie noch nicht begriffen haben [...], ist die schreckliche Zerstörungskraft des modernen Kriegs und die lange Periode der Verarmung, die jetzt die ganze Welt betrifft.

In der Mitte dieses Berichts schreibt Orwell dann einen äußerst gewichtigen Satz, der nicht nur seine Ohnmacht über den Zustand der Welt offenbart, sondern auch, wie es scheint, sein persönliches Gefühl der Verzweiflung, nachdem er gerade seine Frau verloren hatte: »Wenn man durch die zerstörten Städte Deutschlands geht, spürt man einen echten Zweifel an der Kontinuität der Zivilisation.«

Dies ist eine Anklage der Gegenwart und der Zukunft, düster und verzweifelt. Man könnte es sogar als dystopisches Denken bezeichnen. In der Tat offenbart die Aussage ein Gefühl der Trostlosigkeit, das in Orwells letztem Roman, *1984*, mitschwingt: Der Protagonist Winston wandert durch ein zerstörtes, zerbombtes London der Zukunft und verzweifelt an der Zivilisation und dem zivilisierten Verhalten, wie er es zu kennen glaubte. Damit soll nicht behauptet werden, dass die unerbittlich harte Welt, die Orwell für *1984* erschaffen hat, in erster Linie im kriegsgebeutelten Deutschland erfunden wurde. Aber Orwells Erfahrungen in Deutschland und seine Gedanken über den Zustand der Welt fließen auf verschiedene Weise in *1984* mit ein.

Orwell erklärt weiter in diesem Bericht, dass die »Verwüstung sich [...] von Brüssel bis Stalingrad erstreckt [...]. Und dort, wo es Bodenkämpfe gab, war die Zerstörung noch gründlicher.« In diesen Gebieten gebe es »keine Brücke oder keinen Viadukt, der nicht gesprengt worden wäre«. Orwell betont, dass Deutschland nicht in der Lage sein werde, den Wiederaufbau allein zu stemmen, geschweige denn die Last möglicher Reparationszahlungen zu tragen. Vor allem die deutsche Agrarproduktion müsse vor dem Zusammenbruch bewahrt werden, sonst werde ganz Europa darunter leiden.

> Nach dem letzten Krieg hat man endlich begriffen, dass es unmöglich ist, Reparationen in beträchtlicher Höhe zu erhalten, aber man hat weniger begriffen, dass die Verarmung eines Landes sich ungünstig auf die ganze Welt auswirkt. Es wäre nicht von Vorteil, Deutschland in eine Art ländliches Elendsviertel zu verwandeln.

Städte ohne Infrastruktur und riesige landwirtschaftliche Flächen, die vielleicht nichts einbringen – das sind die Aussichten für ein zukünftiges Deutschland, ein zukünftiges Europa, wie Orwell es sieht. Doch so düster muss es nicht bleiben, wenn die alliierten Mächte Deutschland nach dem Zweiten Weltkrieg anders behandeln als nach dem Ersten.

Es zeigt sich einmal mehr, dass Orwell auf der richtigen Seite der Geschichte steht. In Anbetracht der Ressentiments, die in Großbritannien und insbesondere in Frankreich gegenüber Nazideutschland herrschten, und mit Blick auf das, was dieses Land ganz Europa angetan hatte, war es eine seltene und mutige Stimme, die versuchte, andere Stimmen zu übertönen, die nur Bestrafung und Rache an Deutschland forderten. Teile der nationalsozialistischen Führung wurden für ihre Verbrechen gegen die Menschlichkeit zur Rechenschaft gezogen. Mit den Nürnberger Prozessen fand dies in der Öffentlichkeit statt. Doch in der Nachkriegswelt wurde die Zahlung von Reparationen nicht als Mittel der Vergeltung eingesetzt.

Im April 1945 stand das Schicksal Deutschlands auf der Kippe. Orwell sah eine düstere Zukunft für ganz Europa voraus, wenn man diesem großen Land nicht bei der gewaltigen

Aufgabe des Wiederaufbaus helfen würde. Nach der Kapitulation, als die antinazistischen, prodemokratischen Kräfte in Westdeutschland begannen, sich und ihre Vision einer neuen, föderalistischen Nachkriegsdemokratie durchzusetzen, fand Deutschland für seine Rückkehr in die europäische Familie der Nationen einen großen Befürworter – den englischen Schriftsteller und politischen Denker George Orwell.

Ernährungskrise und die Wahlen in Frankreich

Orwells nächster Bericht für *The Observer*, eine Woche später, trägt die Überschrift »Alliierte stehen vor einer Nahrungsmittelkrise in Deutschland«. Die Krise geht darauf zurück, dass die Alliierten die rasch wachsende Zahl von DPs – Deportierte, Geflüchtete und ehemalige Zwangsarbeiter:innen – aus den ehemals deutsch besetzten Gebieten unterbringen mussten. In dem Artikel berichtet er noch einmal von seinem Besuch in einem Lager mit vierzehntausend DPs (und möglicherweise Kriegsgefangenen) in der Nähe von Aachen, das gut organisiert war. Aber Lager wie diese im gerade befreiten Deutschland, so betonte Orwell, würden bald von Zehntausenden weiteren DPs überrannt werden.

Tatsächlich war die Zahl der DPs Anfang April 1945 bereits auf über eine Million angestiegen. Orwell weist darauf hin, dass es »bis zu 10 000 000 oder 12 000 000« Vertriebene geben könnte. Die Zahlen, die er hier angibt, sollten sich als zutreffend erweisen. Die große Mehrheit der Displaced Persons unter alliierter Obhut, erklärt Orwell, komme aus Russland, der Ukraine, Polen und Italien.

Die Suche nach vorübergehenden Unterkünften für diese »große Zahl von Menschen« ist eines der Probleme, denen sich die Alliierten gegenübersehen. Doch als noch schwerwiegender erweist sich die Frage nach ihrer Ernährung. Orwell betont die Notwendigkeit, dafür zu sorgen, dass die Ernte in Deutschland eingebracht wird:

> Die Deutschen, die seit mehreren Jahren ganz Europa ausplündern, haben oder hatten vor Kurzem noch gute Vorräte an Nahrungsmitteln, aber ihre Landwirtschaft ist durch die Niederlage jetzt desorganisiert, besonders da sie in Bezug auf die Arbeitskräfte weitgehend von den Displaced Persons abhängt, die jetzt fliehen oder entlassen werden.

Orwell warnt, dass, wenn die Ernte ausbleibe, »das Ergebnis wahrscheinlich eine katastrophale Nahrungsmittelknappheit sein wird, die sich indirekt auf die alliierten Länder auswirken wird«. Es geht ihm darum, Deutschland nicht zu einem »ländlichen Slum« werden zu lassen.

Orwell will unbedingt wieder nach Deutschland reisen, um über die letzten Etappen des alliierten Vormarschs zu berichten, aber in der ersten Woche nach seiner Rückkehr aus England muss er sich darauf beschränken, aus Paris zu berichten. Er schreibt eine Geschichte für die *Manchester Evening News* über die bevorstehenden Wahlen in Frankreich, wo Frauen zum ersten Mal das Wahlrecht haben werden: »Der bei Weitem wichtigste unbekannte Faktor ist die Haltung der Frauen [...], [die] die Zahl der Männer um zehn oder fünfzehn Prozent übertreffen werden.«

Ein weiterer wichtiger Faktor in dieser Hinsicht ist die eher konservative politische Positionierung der katholischen Kirche und ihr Einfluss auf die Wählerschaft. Orwell vermutet, dass »der hohe Frauenanteil ein sehr ernsthaftes Handicap für die Parteien der Linken sein könnte«. Kurz nach der Befreiung von den Besatzern schienen die Kommunisten und die Sozialistische Partei am stärksten favorisiert zu werden, und nach Meinung mancher Beobachter stand Frankreich »am Rande der Revolution«. Aber Orwell hielt dies für »übertrieben«. Er kam zu dem Schluss, dass »ein überwältigender Sieg der Linken nicht zu erwarten« sei.

Wie sehr sich Orwell in diesem Punkt irrte. Während er mit seinen politischen Analysen oft goldrichtig lag, war er schlecht darin, den Ausgang nationaler Wahlen vorherzusagen. Dies traf sowohl auf die Wahlen in England als auch in Frankreich zu. Wie die meisten Experten sah er nicht voraus, dass Winston Churchill, der Großbritannien durch den Zweiten Weltkrieg geführt hatte, die britischen Wahlen im Juli 1945 verlieren würde. Stattdessen errang die Labour Party zur Überraschung der meisten Experten einen erdrutschartigen Sieg. Ihr Führer Clement Attlee wurde Premierminister. Aus den Parlamentswahlen in Frankreich, die schließlich im Oktober 1945 stattfanden, gingen ebenfalls die Linksparteien als haushohe Sieger hervor.

Nürnberg

Es gibt keine Informationen darüber, wie Orwell seine zweite Reise als Kriegsberichterstatter nach Deutschland organisierte. Aber irgendwie gelang es ihm, sich einen Platz als Reporter bei der US 12th Armored Division zu sichern, die sich Mitte April 1945 westlich von Nürnberg durch die bayerische Landschaft kämpfte. Der Bericht, den er von dieser Reise anfertigt, wird aus Nürnberg gesendet und am 22. April in *The Observer* veröffentlicht. Er trägt den Titel »Bayeri-

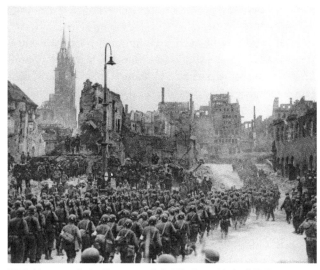

US-Soldaten nach der Siegesparade in Nürnberg, 20. April 1945.
© akg images

sche Bauern ignorieren den Krieg: Deutsche wissen, dass sie besiegt sind«.

Dieser Bericht ist in Orwells Kriegsreportage bedeutsam, weil er sich nicht auf die Auswirkungen des Kriegs in den zerbombten Großstädten fokussiert, sondern auf die Kriegserfahrungen in den ländlichen und bäuerlichen Gebieten Deutschlands. Orwell ist ebenso wie andere Kriegsberichterstatter von dem Kontrast zwischen der völligen Zerstörung der großen Industrie- und Bevölkerungszentren und dem davon relativ unbeeinflussten Tempo und der Routine des Landlebens beeindruckt. Der Krieg schien keine großen Auswirkungen auf das alltägliche Leben auf dem Land zu haben, selbst als die alliierten Streitkräfte sich ihren Weg durch die kleinen Städte und Dörfer bahnten.

Es ist unwahrscheinlich, dass Orwell tatsächlich Nürnberg besuchte, ein wichtiges Zentrum der NSDAP und die Stadt der Reichsparteitage. Angesichts von Orwells Interesse an Propaganda als wichtigem Instrument im Waffenarsenal von Diktaturen mag es sein Wunsch gewesen sein, die Stadt zu sehen und das Reichsparteitagsgelände zu besuchen, auf dem Hitler seine Großkundgebungen abhielt.

Die US-Panzerdivision, der Orwell zugeteilt war und die sich Nürnberg von Westen her näherte, wurde jedoch angewiesen, etwa vierzig Kilometer vor der Stadt nach Süden abzubiegen, um tiefer nach Bayern vorzudringen. Andere Truppen der US Army hatten bereits mit dem Angriff auf Nürnberg begonnen. Die örtliche Militärführung verteidigte die Stadt vier bis fünf Tage lang. Erst am 20. April, Hitlers 56. Geburtstag, wurde die amerikanische Flagge auf dem Adolf-Hitler-Platz gehisst, dem heutigen Hauptmarkt, um das Ende der Schlacht um Nürnberg zu markieren. Die Altstadt war durch den Krieg zu neunzig Prozent zerstört.

Orwell erwähnt die Stadt zwar in seiner Erzählung, aber nur, um auf den weitgehenden Zusammenbruch des deutschen Widerstands gegen den Angriff der Alliierten hinzuweisen. Der Widerstand gehe nur weiter, berichtet Orwell, weil »eine Handvoll fanatischer Nazis« sich weigere, sich zu ergeben. Dann stellt er fest: »Die Entscheidung, Nürnberg zu verteidigen, war zum Beispiel eine politische Entscheidung, die der örtliche SS-Kommandeur gegen den Willen der Armee und der Zivilbevölkerung traf.«

An dem Tag, an dem die US-Truppen Nürnberg einnahmen, war Orwell auf dem Weg nach Württemberg und wahrscheinlich mehr als hundertfünfzig Kilometer von

Nürnberg entfernt. Er schloss sich einer anderen Kolonne von US-Truppen an, die sich der Stadt Stuttgart näherte. Dennoch können wir seine Darstellung als Orwells »Nürnberger« Bericht bezeichnen, da er sich auf die Landbevölkerung in Ober- und Mittelfranken konzentriert.

»Nach dem Verhalten der Zivilbevölkerung in diesem Teil Deutschlands zu urteilen«, beginnt Orwell seinen Bericht, »ist es eine Untertreibung, zu sagen, dass die Deutschen jetzt wissen, dass sie geschlagen sind.« Orwell schildert eingehend die Resignation der Menschen angesichts des bevorstehenden Kriegsendes: »Fast jeder, der befragt wird, […] gibt zu, dass der Krieg verloren ist.« Wer auf dem Land lebte, so Orwell, schien ungeachtet des Kriegs seine Routine fortzusetzen.

> In einem überraschenden Ausmaß geht das Dorfleben wie gewohnt weiter, sogar mitten in den Kämpfen. Die Ochsen stapfen immer noch langsam vor der Egge, während die Kanonen von allen umliegenden Hängen widerhallen, und die meisten Bauern scheinen mehr Angst zu haben, von umherziehenden Displaced Persons – freigelassenen Fremdarbeitern – angegriffen, als von einer verirrten Granate getroffen zu werden.

Orwell berichtet dann über seinen Besuch im mittelfränkischen Dorf Wimmelbach kurz nach der Einnahme durch die US-Truppen:

> Gleich außerhalb des Dorfs markierten eine zertrümmerte Straßensperre, ein oder zwei Leichen, ein verlassener Panzer und ein von Mörsergranaten zerstörter Obstgarten die Stelle, an der die Deutschen versucht hatten, Stellung zu

beziehen. Das Dorf selbst war beschossen worden. Mehrere Häuser standen in Flammen. […] Chargen von erbärmlich gekleideten deutschen Gefangenen, deren Hände hinter dem Kopf gefesselt waren, wurden von gelangweilten Soldaten mit Karabinern hereingebracht.

Mit dieser Beschreibung verweist Orwell auf die Resignation der Menschen angesichts der nahenden Niederlage. Auf dem Land ist diese Akzeptanz des Unvermeidlichen noch ausgeprägter als in den Städten. Für Orwell findet sie ihren Ausdruck in der überwältigenden Gleichgültigkeit der Dorfbewohner gegenüber dem Krieg, der um sie herum stattfindet. Das Leben auf dem Lande verläuft in seinem eigenen Tempo, mit seinen eigenen Routinen.

Im nächsten Abschnitt erweist sich Orwell als kein gewöhnlicher Reporter, sondern als begabter Schriftsteller. Es gelingt ihm, einen Moment in Wimmelbach einzufangen, als die Kavalkade von Männern, Panzern und Waffen durch den Ort zieht:

Inmitten all dessen waren die Dorfbewohner fast völlig unbeteiligt. Ein kleiner Haufen älterer Leute, zwei Frauen und ein Mann, schien etwas aufgeregt zu sein, aber die anderen beobachteten den Einmarsch der amerikanischen Armee wahrscheinlich mit weniger Interesse, als sie es bei einem vorbeiziehenden Zirkus getan hätten. Jemand lud Dünger in einen Wagen. An der Pumpe bildete sich die übliche Schlange, und zwei alte Männer sägten unablässig Holzstämme auf einem Bock zurecht. Selbst die erbärmlichen Gefangenen bekamen kaum einen neugierigen Blick zugeworfen.

Mit wenigen treffenden literarischen Pinselstrichen gelingt
es Orwell, ein Bild von ländlicher Routine, Resignation und
Gleichgültigkeit gegenüber dem Krieg zu zeichnen. Er berichtet
weiter:

> Dieser Teil Deutschlands hat nicht sehr unter dem Krieg
> gelitten; die Menschen, besonders die Kinder, sind offensichtlich
> sehr gut ernährt worden, und die Bombardierung
> von Bayern und Württemberg war nicht so umfassend wie
> im Rheinland und im Ruhrgebiet. Es ist wahr, dass mit der
> einzigen Ausnahme von Heidelberg die großen Städte dem
> Erdboden gleichgemacht worden sind. Selbst die alte Universitätsstadt
> Würzburg ist heute nur noch ein Trümmerhaufen,
> obwohl ihre mittelalterliche Burg glücklicherweise
> so stabil war, dass sie nicht völlig zerstört wurde. Aber die
> Dörfer und die gemütlichen kleinen Landstädte mit ihren
> massiven Toren, ihren barocken Kirchen und ihren gepflasterten
> Plätzen sind größtenteils verschont geblieben.

Orwell ist ganz offensichtlich von der Schönheit der deutschen
Frühlingslandschaft angetan, die er weiterhin als
»friedlich mit ihren gewundenen, von Kirschbäumen gesäumten
Straßen, ihren terrassenförmig angelegten Weinbergen
und ihren Bildstöcken am Wegesrand« preist.

Diese Szenen mögen ihn an die englische Natur erinnern,
über die er oft geschrieben hat. In seinem Roman *1984*
bieten die natürlichen Reize und die Ruhe der Landschaft
den Protagonisten Flucht und Erholung von der ansonsten
bedrückenden dystopischen Atmosphäre des Stadtlebens.

Doch später in seinem Bericht über Nürnberg wendet
sich Orwell der ernsteren Frage zu, was sich hinter dieser
Schönheit und Idylle des Landlebens verbergen könnte:

»Inwieweit können diese offensichtlich einfachen und angenehmen Bauern, die sonntagmorgens in anständigem Schwarz zur Kirche strömen, für die Schrecken der Nazis verantwortlich sein?« Seine Frage stellt er in Zusammenhang damit, dass »die Nazibewegung tatsächlich in diesem Teil Deutschlands begann«.

Orwell berichtet, dass »die Ungeheuerlichkeit der [deutschen] Verbrechen« schon vor Kriegsbeginn offensichtlich war, aber weitere Beweise für »deutsche Grausamkeit« kommen in den Geschichten ans Licht, die jetzt von geflohenen Gefangenen und Deportierten erzählt werden.

Orwell erzählt, was er von Kriegsgefangenen gehört hat: vom Schlafen in erbärmlichen Zelten oder auf dem Boden, von Krankheit und Tod, von Zwangsarbeit in Kohlebergwerken. Besser erging es denjenigen, die Pakete vom Roten Kreuz oder aus ihrer Heimat erhielten, das heißt einer Reihe von amerikanischen und britischen Gefangenen. Am schlimmsten wurden die sowjetischen Gefangenen behandelt: »Allgemein waren sie zerlumpt und schmutzig, ihre Gesichter von Hunger und Elend gezeichnet, und täglich traten neue Typhusfälle unter ihnen auf.«

Dieser Bericht aus Bayern über die Misshandlung von Kriegsgefangenen durch Deutsche steht in deutlichem Widerspruch zu den Informationen, die Orwell wenige Wochen zuvor aus Köln und Paris gemeldet hatte, wo er die relativ gute Behandlung der alliierten Kriegsgefangenen beschrieb.

Es mag regionale Unterschiede in der Behandlung geben, auf die Orwell hier nicht eingeht. Es ist aber sicherlich so, dass Orwell, je mehr er in Deutschland herumreist, desto mehr mit Misshandlungen und Grausamkeiten in den Lagern konfrontiert wird. Orwell trifft auf weitere ehemalige Gefangene aus den östlichen Teilen der von Deutschland besetzten Gebiete, die nun nach Westen ziehen. Ihre Lage ist ernst, und Orwell muss seine frühere Position zur Behandlung von Kriegsgefangenen und Zwangsarbeiter:innen in Deutschland anpassen.

VI Streit um Stuttgart

Orwell hoffte, als Reporter die Kämpfe in Deutschland an vorderster Front mitzuerleben und so nah wie möglich am Geschehen zu sein. In Köln, das zwei oder drei Wochen vor seinem Eintreffen in der Stadt von den Alliierten eingenommen wurde, war dies nicht möglich. Aber auf seiner Reise mit der amerikanischen Armee durch Teile Nordbayerns und dann Nordostwürttembergs war Orwell viel näher am Kriegsgeschehen. In seiner Reportage aus Nürnberg berichtet er, dass er bei der amerikanischen 12th Armored Division war, als diese durch Dörfer in Mittelfranken nördlich von Ansbach vorstieß. Er konnte hören, wie schwere Waffen und Maschinengewehre das Feuer auf ein Dorf »unmittelbar hinter dem nächsten Hügel« eröffneten.

Wäre Orwell jedoch bei der 12th Armored Division geblieben, wäre er weiter in den Süden Bayerns vorgedrungen. Er hätte am 20. April Dinkelsbühl durchquert und wäre zwei Tage später bei Dillingen auf die Donau gestoßen. Stattdessen befindet sich Orwell am 22. April 1945 hundert Kilometer westlich von Dillingen an einem ganz anderen Ort und im Zentrum eines großen internationalen Streits zwischen Frankreich und den USA über die militärische Führung des Orts. An diesem und den beiden folgenden Tagen hält sich Orwell in der schwäbischen Metropole Stuttgart auf.

Wie hatte er es geschafft, von Mittelfranken nach Stuttgart durch ein unsicheres Kriegsgebiet zu kommen? Details zu seiner Reise liegen nicht vor. Doch irgendwann nach dem 18. April, als die US-Armee die Kontrolle über die Dörfer westlich von Nürnberg erlangte, verließ Orwell die 12th Armored Division, um nach Westen in Richtung Nordwürttemberg zu reisen. Ein oder zwei Tage darauf gelang es ihm, sich der 100th Infantry Division der US-Armee anzuschließen, die vom Norden und Osten Württembergs in Richtung der umkämpften Stadt Stuttgart unterwegs war. Er befand sich nur noch wenige Stunden hinter der Frontlinie.

Am Morgen des 22. April rückte Orwell mit den Befehlshabern der US-Armee von der Ostseite des Neckars her in Stuttgart ein, weniger als vierundzwanzig Stunden nachdem die französische Armee die Stadt von Süden, Westen und teilweise auch von Norden erobert hatte. Doch *Eroberung* bedeutet nicht *Kontrolle*. Eigentlich hatten die Franzosen von ihren amerikanischen Befehlshabern keine Erlaubnis bekommen, die schwäbische Hauptstadt am 21. April einzunehmen. Dementsprechend hatten sie die Stadt auch nicht unter ihrer offiziellen militärischen Kontrolle. Infolge dieses unautorisierten Einmarschs brach das Chaos aus. Es kam zu schrecklichen Plünderungen, Ausschreitungen von Betrunkenen, gewalttätigen Übergriffen auf öffentliches und privates Eigentum und auf Zivilisten, insbesondere auf Frauen. Berichten zufolge wurden in den Tagen nach der Einnahme Stuttgarts Tausende von Frauen vergewaltigt. Vor allem afrikanischen Soldaten, die Teil der französischen Infanteriedivisionen waren, wurde vorgeworfen, Frauen sexuell missbraucht zu haben.

Orwell wurde Zeuge der Unordnung und teilweise der mutwilligen Gewalt, die in dieser Zeit herrschten. Er verfasste zwei Artikel. Zuerst schrieb er einen Zeitungsbericht für *The Observer*, der auf seinen Beobachtungen unmittelbar nach der Kapitulation Stuttgarts beruht. Der Bericht erlaubt seltene und wichtige Einblicke in das, was in einer bombenzerstörten Stadt passiert, wenn im Krieg ein Machtvakuum entsteht. Darüber hinaus bietet Orwells Augenzeugenbericht ein Korrektiv zu der üblichen historischen Darstellung, wer die Hauptschuld an den Plünderungen und der Gewalt nach der Einnahme Stuttgarts durch die Alliierten trug.

Das zweite Werk aus Stuttgart ist einer seiner berühmtesten literarischen Essays: »Rache ist sauer«. Er erschien Monate nach Orwells Rückkehr nach England im November 1945 im Nachrichtenmagazin *Tribune* und ist der meistgelesen Essay aus seiner Zeit in Deutschland. In dieser eher kontemplativen Schrift erörtert Orwell, dass die zukünftige Stabilität in Europa nur gesichert werden könne, wenn Deutschland in der Nachkriegszeit anders behandelt werde als nach dem Ersten Weltkrieg.

Unterricht auf der *Orwell Bridge*

Es ist ein heißer Tag im Mai, und, wie in *1984*, die Turmuhren schlagen »dreizehn«. Eine weitere Unterrichtsstunde auf der, wie ich sie nenne, *Orwell Bridge* ist zu Ende gegangen. Sechzehn Studierende eines englischen Sprachkurses der Universität Stuttgart haben am Neckar die beiden Texte gelesen und besprochen, in denen George Orwell seine Beobachtungen und Erfahrungen beim Besuch in Stuttgart im April 1945 schildert.

Es macht mir immer Spaß, diese Unterrichtsstunde im Freien zu halten und in die Fußstapfen des Autors zu treten.

Wir wissen nicht genau, wo Orwell in Stuttgart gewohnt hat, erkläre ich der Gruppe, und wir wissen auch nicht allzu viel über die Orte, die er besucht hat.

Wir wissen aber sicher, durch Hinweise in seinen Berichten und durch eine Archivrecherche, dass er genau diesen Steg überquerte, um in die Stadt zu gelangen. Wie Orwell damals sind wir also die Stufen von der Bad Cannstatter Seite des Berger Stegs hinaufgestiegen und haben die heutige Unterrichtsstunde mitten auf der Fußgängerbrücke, direkt über dem Fluss, mit einem Stück Kriegsgeschichte beendet.

Das heiße, körnige Bitumen auf dem Fußweg der Brücke dient mir heute als Klassenzimmertafel. Mit verschiedenfarbiger Kreide zeichne ich eine einfache Karte auf den Boden: zwei blaue Linien, die den Neckar darstellen. Bad Cannstatt und Stuttgart-Stadt in Gelb auf beiden Seiten des Flusses; dann grüne, auf dem Kopf stehende Vs, die die Konturen des hügeligen, bewaldeten Umlands der Stadt markieren. Es ist keine gute Karte, aber ich glaube, die Studis haben es verstanden, denn ihr fragendes Stirnrunzeln hat sich in ein höfliches Lächeln verwandelt, während sie herumstehen und meine dürftigen Fähigkeiten in Geografie und Zeichnen begutachten. Dann gehe ich in die Hocke, um mit weißer Kreide große Pfeile zu zeichnen, die die Richtungen angeben, aus denen die französische Armee und die US-Armee sich der Stadt näherten: Die Franzosen griffen hauptsächlich von Westen und Süden an; die US-Armee rückte von Osten an, um Stuttgart einzunehmen und die Naziherrschaft zu beenden. Es sieht nach einer recht einfachen, gut geplanten Strategie aus. Aber der Schein trügt. Die Karte, die ich zum Abschluss dieser Unterrichtsstunde über den Berger Steg mit diesen sauberen weißen Pfeilen zeichne,

Teil der zerstörten Innenstadt von Stuttgart, 1. Juli 1945. © akg images

suggeriert eine Ordnung, die es so nicht gegeben hat. Wie ich den Studierenden erkläre, war die Art der Einnahme Stuttgarts durch die alliierten Streitkräfte am 21. April 1945 alles andere als geplant oder gar erlaubt.

Der *Stuttgart Incident*

Stuttgart war eine deutsche Großstadt, die unter Missachtung der Befehle des Obersten Alliierten Kommandos eingenommen wurde.

Nachdem die französische 1. Armee sich im Schwarzwald erfolgreich durch schwieriges Gelände und den Widerstand der Nazis gekämpft hatte, rückte sie am 20. April auf Stuttgart-Vaihingen zu. Früh am nächsten Morgen erreichten weitere Einheiten Möhringen. (Die Soldaten der 1. Armee, die Stuttgart einnahmen, stammten zumeist aus Algerien, Marokko und anderen französischen Kolonien Nordafrikas.)

Die französischen Truppen waren schon in ihrer Stellung südlich und westlich von Stuttgart – mehr als einen ganzen Tag bevor die amerikanischen Truppen an ihrem Einmarschpunkt im Osten der Stadt ankamen. Eigentlich sollten die französischen Streitkräfte auf die amerikanischen warten, da vereinbart war, dass die US-Befehlshaber das offizielle Kommando über die Stadt haben.

Stattdessen ignorierte der französische De-facto-Staatschef Charles de Gaulle die militärische Führung der Alliierten: Er befahl seinem eigenen General Jean de Lattre, von seinem Aussichtspunkt oben in den bewaldeten Hügeln und Vororten der Stadt einzumarschieren und Stuttgart zu besetzen. Über Degerloch und die Neue Weinsteige erreichten die ersten französischen Panzer die Innenstadt, ohne auf Widerstand zu treffen. Bis auf wenige Schießereien blieb der schwäbischen Metropole eine blutige Auseinandersetzung erspart. Stuttgart wurde fast kampflos übergeben.

Für de Gaulle war die Stadt einfach zu prestigeträchtig, um ihre Besitznahme den Amerikanern zu überlassen. Zusätzlich wollte er die Einbeziehung Stuttgarts in eine mögliche französische Besatzungszone erzwingen. Doch die unerlaubte Einnahme durch die französischen Truppen führte zu einem effektiven Machtvakuum und zu unkontrollierter Gewalt gegenüber der Bevölkerung in der bereits zerbombten Stadt. De Lattres Vorgehen löste auch einen großen internationalen Streit zwischen der französischen und der amerikanischen Militärführung und sogar zwischen ihren jeweiligen Regierungen aus. Es wurde nachher als der *Stuttgart Incident* (Zwischenfall von Stuttgart) bekannt.

Am 22. April gelang der amerikanischen Militärführung der Einmarsch. Sie erwarteten, dass die Franzosen ordnungsgemäß und laut vorheriger Vereinbarung das Kommando den amerikanischen Befehlshabern übergeben würden. Doch de Lattre weigerte sich. Die Amerikaner sollten die Stadt für ihre eigenen Zwecken nutzen dürfen, aber Frankreich reklamierte sie für sich.

Der für Stuttgart zuständige amerikanische General Jacob Devers, in der Befehlskette der Vorgesetzte von de Lattre, war empört. Dies war ein klarer Verstoß gegen militärische Befehle. Einige Tage später, am 26. April, erhielt Devers von US-Offizieren in Stuttgart Berichte, wonach die Lage in der Stadt »das Schlimmste ist, was man sich vorstellen kann [...] Vergewaltigungen, Plünderungen und Eigentumsdelikte haben überhandgenommen.«

Devers wandte sich erneut an de Lattre: Der US-General war nicht nur darüber verärgert, dass es seinem französischen Untergebenen nicht gelungen war, in Stuttgart für Ordnung zu sorgen, sondern auch darüber, dass dessen Truppen »völlig außer Kontrolle« zu sein schienen. Devers forderte de Lattre erneut auf, das Kommando über die Stadt an die US zu übertragen.

Devers meldete diese »unerträgliche« Situation an seinen obersten Befehlshaber, keinen Geringeren als den Oberbefehlshaber der alliierten Streitkräfte in Europa, General (den späteren US-Präsidenten) Dwight D. Eisenhower. Devers reiste daraufhin nach Stuttgart, um sich direkt mit den französischen Befehlshabern zu treffen.

De Lattre weigerte sich nach wie vor, den Amerikanern die Stadt zu überlassen, und er und seine Offiziere bestritten die Vorwürfe, dass die Franzosen in großem Umfang Frauen sexuell missbrauchten. Dennoch versprachen französische

Offiziere Devers, dass die Kontrolle über die eigenen Soldaten und die Stadt wiederhergestellt werde. Mindestens zwölf französische Soldaten wurden der Vergewaltigung für schuldig befunden und hingerichtet. Diese Aktion wurde als Warnung für andere französische Soldaten weithin bekannt gemacht. Für Devers beendete dies »den ganzen Unfug« und brachte wieder Ruhe in der Stadt.

Für die militärischen Befehlshaber blieb das größere Problem jedoch die französische Unnachgiebigkeit in Bezug auf das Kommando über Stuttgart. Am 28. April schrieb Eisenhower direkt an de Gaulle und bekräftigte den Ernst der Lage: Nach der französischen Eroberung der Stadt hätten die Franzosen sofort die Pflicht gehabt, das Kommando an die US-Streitkräfte zu übergeben. Eisenhower erinnerte de Gaulle daran, dass es die Vereinigten Staaten waren, die der 1. Armee ihre militärische Ausrüstung und ihre Waffen geliefert hätten, und deutete an, dass diese Unterstützung zurückgezogen werden könnte, wenn sich das französische Vorgehen nicht änderte.

Der Zwischenfall von Stuttgart wurde sogar kurz danach dem amerikanischen Präsidenten Harry S. Truman zur Kenntnis gebracht. Am 1. Mai schickte er ebenfalls ein Telegramm an de Gaulle: »Ich muss offen sagen, dass ich über die Haltung Ihrer Regierung in dieser Angelegenheit schockiert bin.« Truman fügte hinzu, dass der Vorfall in den Vereinigten Staaten einen »Sturm des Grolls« gegen Frankreich auslösen könnte. Der US-Präsident drohte auch damit, dass »eine völlige Neuordnung des Kommandos« vorgenommen werden müsse, wenn die französische Armee ihren amerikanischen Militärbefehlshabern vor Ort weiterhin nicht gehorche.

Die Franzosen gaben nur schleppend nach. Nach außen wollten sie ihren Einfluss über eine bedeutende Stadt wie

Stuttgart behalten. Im Mai und Juni fanden in der Innenstadt vier imponierende Siegesparaden statt. Am 19. Mai besuchte sogar de Gaulle die Stadt als Ehrengast der französischen Militärführung. Aber de Gaulle wurde schließlich gezwungen, Stuttgart an die Amerikaner abzugeben. Am 22. Juni unterzeichnete er ein Abkommen zur Zonenverteilung in Süddeutschland, das vorsah, dass die Militärverwaltung von Stuttgart den Amerikanern übergeben werden sollte. Am 8. Juli 1945 wurde es umgesetzt.

Unordnung und Chaos

In seinem Artikel, der im *Observer* vom 29. April auf Seite 5 erschien, berichtet Orwell nicht direkt über den großen militärischen und politischen Streit, der zwischen den Franzosen und den Amerikanern um die Kontrolle der Stadt entbrannte. Er brauchte dies auch nicht zu tun: Die Auseinandersetzung oder der Zwischenfall war bereits weltweit in den Schlagzeilen.

Auf der Titelseite der Ausgabe mit Orwells Artikel veröffentlichte die Zeitung eine von Pariser Nachrichtenagenturen übermittelte Meldung unter dem Titel »Stuttgarter Streit beigelegt«. Darin hieß es: »Der Streit zwischen Frankreich und den Vereinigten Staaten über die Besetzung von Stuttgart ist in einer für alle Beteiligten zufriedenstellenden Weise beigelegt worden.«

Der Streit war zu diesem Zeitpunkt noch lange nicht beigelegt, aber da er nicht eingedämmt werden konnte, musste er heruntergespielt werden. In dem Bericht deutet das Kommando der Alliierten die Frustration der USA über die französische Unnachgiebigkeit an, indem es wiederholt, dass

»Stuttgart ein wichtiges Eisenbahnkommunikations- und Versorgungszentrum« sei, das »in die operativen Grenzen der Operationszone der *U.S. Seventh Army* und nicht in die Operationszone der *First French Army*« einbezogen werden sollte. Nicht erwähnt werden die Befehlsverweigerung und das Chaos, das sich aus dem Fehlen einer effektiven militärischen Führung in der Stadt ergab.

Orwells Stuttgart-Reportage mit der Überschrift »Die Deutschen zweifeln immer noch an unserer Einheit« berichtet zwar nicht direkt über die Auseinandersetzungen, weist aber auf die fehlende Einigkeit zwischen den alliierten Streitkräften in den Besatzungszonen hin. Nach Orwells Ansicht verheißt das nichts Gutes für die Nachkriegszeit in Deutschland. Er informiert seine englische Leserschaft auch über die Gesetzlosigkeit und die Plünderungen in Stuttgart in den Tagen unmittelbar nach der Einnahme.

Orwell beginnt seinen Bericht damit, dass er am Morgen nach dem Einmarsch der Franzosen mit amerikanischen Soldaten über den Neckar nach Stuttgart gelangte. Damit ist seine Ankunft auf den 22. April 1945 datiert. Am Tag zuvor hatten die sich zurückziehenden Nazibefehlshaber fast alle noch intakten Neckarbrücken der Stadt gesprengt. Die einzige Brücke, die der Zerstörung entging, weil sie die Wasserleitungen führte, war eine kleine Fußgängerbrücke. Orwell und zwei weitere Reporter überquerten gemeinsam mit amerikanischen Kommandeuren diese Brücke – den Berger Steg –, um in die östlichen Vororte der Stadt zu gelangen. Auf der anderen Seite des Flusses trafen sie auf die französischen Truppen.

Orwell zeichnet das Bild einer deutschen Großstadt, die durch alliierte Bombenangriffe zerstört wurde und dann Plünderern ausgeliefert war: »Der zentrale Teil der

Stadt, oder was davon übrig geblieben ist, wurde gründlich geplündert. Die schlimmsten Plünderungen ereignen sich in der Regel in den ersten ein oder zwei Stunden nach dem Zusammenbruch des Widerstands und sind das Werk deutscher Zivilisten und plötzlich entlassener Kriegsgefangener und Deportierter.« Das ist interessant, weil Orwell die Schuld für die unkontrollierte und mutwillige Gewalt, die sich in Stuttgart entlud, zumindest anfangs den einheimischen Deutschen und den aus der Gefangenschaft entlassenen Menschen zuschreibt – nicht unbedingt den französischen Soldaten.

Er beschreibt »Gruppen von Displaced Persons, die nach 24 Stunden Freiheit noch im Delirium waren« und »in geplünderten Autos und Lastwagen hin und her fuhren«, und »andere, die Gewehre in die Hand genommen hatten« und »auf Treibholzstücke im Neckar schossen«. Er schreibt weiter: »Als ich die Stadt betrat, hörte ich Gewehrschüsse, und als ich sie zwei Tage später wieder verließ, hallten immer noch vereinzelte Schüsse wider, obwohl alle Widerstandsnester längst geräumt waren.«

Es ist offensichtlich, dass Recht und Ordnung in dieser gerade befreiten Stadt auf dem Spiel stehen. Wenn die Franzosen Stuttgart unter ihrem militärischen Kommando haben wollen, haben sie die Dinge nicht sehr gut im Griff. Diese Schlussfolgerung wird noch verstärkt, wenn Orwell schreibt:

> Plünderungen können, wenn überhaupt, nur verhindert werden, wenn der militärische Regierungsapparat bereitsteht, bevor eine Stadt eingenommen wird, und in diesem Fall gab es, zweifellos aufgrund der unerwarteten Plötzlichkeit, mit der Stuttgart zusammenbrach, eine lange Verzögerung.

Orwell geht hier ein wenig frei mit der Wahrheit um – oder vielleicht ist es ihm aufgrund der Kriegszensur nicht erlaubt, die ganze Geschichte zu erzählen: Nicht die Plötzlichkeit des Zusammenbruchs von Stuttgart, sondern die Eile der Franzosen, die Stadt vor den Amerikanern einzunehmen, und zwar ohne die entsprechende militärische Autorität, hatte ein Vakuum in der Verwaltung der Stadt verursacht. Im folgenden Absatz stellt Orwell jedoch klar, dass die Franzosen zumindest eine Teilschuld an dem tragen, was er als »Unordnung nach dem Fall von Stuttgart« bezeichnet:

> Zweiundsiebzig Stunden nach dem Einmarsch der Franzosen waren noch keine Proklamationen ausgehängt worden, und der Aufenthaltsort der Militärregierung war unauffindbar, obwohl einige harmlos aussehende ältere Männer mit Armbinden mit der Aufschrift »Polizei« gelegentlich auf den Straßen zu sehen waren.

Öffentliche Trunkenheit trug zu den Unruhen und dem Chaos bei. Stuttgart war und ist immer noch das Zentrum eines der größten Weinanbaugebiete Deutschlands. Als die Naziherrschaft zusammenbrach und ein Machtvakuum entstand, wurden die Weinkeller der Stadt zum unmittelbaren Ziel von Plünderungen. Orwell berichtet, dass die Unordnung »wahrscheinlich schlimmer als sonst war, weil der Wein in großem Stil geplündert wurde. Leere und sogar halb leere Flaschen waren überall verstreut.«

Betrunkene Hooligans, ausgeraubte Geschäfte, mit zerbrochenen Flaschen übersäte Straßen, verschwendeter Wein. Orwell wird Zeuge davon, wie die schwäbische Hauptstadt, die durch die Bombardierung aus der Luft bereits in Schutt und Asche liegt, durch die Plünderungen noch weiter erniedrigt wird. Die schwäbischen Tugenden von Ordnung, Sparsamkeit und Sauberkeit sind in diesem Moment auf den Kopf gestellt, in Stuttgarts Stunde null.

Französische Besatzung

In der zweiten Hälfte dieses Artikels über Stuttgart wendet Orwell seine Aufmerksamkeit den französischen Operationen in der Stadt zu. Er berichtet, die Soldaten hätten die freigelassenen Gefangenen und »Deportierten« außer Acht gelassen, um sich auf die Verhaftung bestimmter Deutscher zu konzentrieren. Sie hätten Hausdurchsuchungen durchgeführt, um jeden Uniformierten sowie »jeden männlichen Zivilisten, der verdächtigt wurde, entweder der Wehrmacht oder dem Volkssturm angehört zu haben«, festzunehmen. Orwell schreibt, dass »die Zahl der Gefangenen so groß war, dass es sich schwierig gestaltete, Plätze zu finden, um sie unterzubringen, und viele von ihnen mussten vorübergehend in der Unterführung unter dem Hauptbahnhof untergebracht werden«.

Die unterirdischen Tunnel, die während des Kriegs Schutz vor Fliegerbomben boten, werden nun zu riesigen Haftzellen für mutmaßliche Nazikollaborateure umfunktioniert. In Stuttgart erlebt Orwell, wie die Deutschen von den französischen Streitkräften hart und boshaft behandelt werden. Er hebt besonders hervor, wie sich die Franzosen in ihren Einstellungen und Verhaltensweisen von den Amerikanern oder Briten unterschieden, da sie den größten Teil des Kriegs unter der deutschen NS-Besatzung gelitten hatten.

Vor allem, wenn man sieht, wie deutsche Gefangene zusammengetrieben werden, scheint sich eine Kluft zwischen fast allen Angelsachsen und fast allen Kontinentaleuropäern aufzutun. Man mag die Notwendigkeit, die deutsche Armee zu vernichten, voll und ganz anerkennen […], aber man muss schon unter deutscher Herrschaft gelebt haben, bevor man diesen Szenen der Demütigung ein wirkliches Vergnügen abgewinnen kann.

Orwell berichtet weiter:

Während die endlosen Schlangen von [deutschen] Gefangenen vorbeizogen, beobachteten die Deportierten und sogar einige französische Soldaten sie mit einem Grinsen, das ein offenes Vergnügen zeigte.
»Genau wie wir 1940«, war ein Kommentar, den ich mehrmals hörte. Einige dieser Leute schienen sogar eine grimmige Genugtuung beim Anblick der von den Bomben angerichteten Zerstörungen zu empfinden. Ich selbst konnte nichts dergleichen empfinden.

Orwell verstieß wieder einmal gegen die journalistische Etikette, indem er seine persönlichen Gefühle und Einschätzungen in einem Zeitungsbericht zum Ausdruck brachte. Er ist nicht daran interessiert, in seinen Texten den Standardverfahren zu folgen. Und der *Observer* ist offensichtlich zufrieden, dass der Autor seine wortmalerischen Fähigkeiten als Augenzeuge der Geschichte nutzen kann, um dann eine umfassendere Analyse abzugeben.

Dies tut Orwell hier in der Tat: Er unterscheidet im Wesentlichen zwischen den Positionen der Alliierten, die eine »grimmige Genugtuung« daraus ziehen könnten, dass

Deutschland bestraft oder in Schach gehalten werde, und denen, die wie er eine geordnete Wiederherstellung Deutschlands nach dem Krieg befürworteten. Orwell skizziert, wie die Deutschen auf ihre unmittelbare Zukunft blicken:

> Ich war bei einigen Deutschen aus der Mittelschicht in der Vorstadt einquartiert worden. Diese Leute waren, wie die meisten Deutschen, mit denen ich sprechen konnte, nicht nur auf ein schnelles Ende des Kriegs erpicht, sondern noch mehr darauf, dass so viel wie möglich von Deutschland von den Amerikanern und Briten und so wenig wie möglich von den Russen und Franzosen besetzt würde.

Orwell beendet seinen Artikel mit einer Kritik an der Politik der Alliierten in Bezug auf die eroberten Gebiete. Er stellt fest, dass »das Versäumnis, die Besatzungszonen im Voraus festzulegen, und die Praxis der verschiedenen Armeen, in den von ihnen besetzten Gebieten nur ihre eigene Nationalflagge zu hissen«, auf eine Uneinigkeit oder sogar Feindseligkeit unter den alliierten Streitkräften schließen ließe, die ihren gemeinsamen Zielen schaden könnte.

Übergriffe auf Frauen, Rassismus, Schuldzuweisungen

Nirgendwo in seinem Bericht geht Orwell auf die Vorwürfe ein, dass Angehörige der französischen Truppen in den ersten Tagen nach der Einnahme Stuttgarts an Massenvergewaltigungen deutscher Frauen beteiligt waren. Diese Anschuldigungen, die den US-Militärbehörden erstmals am 26. April (nachdem Orwell Stuttgart verlassen hatte) zur Kenntnis gebracht wurden, betrafen bis zu fünfzigtausend

Vergewaltigungen. Es wurde behauptet, dass Frauen und Mädchen von französischen Soldaten aus ihren Häusern gezerrt und in einen unterirdischen Tunnel getrieben wurden, wo sie tagelang sexuell missbraucht wurden.

Spätere Untersuchungen sowohl amerikanischer als auch deutscher Beamter ergaben, dass »die Situation stark übertrieben« war. Statt fünfzigtausend Fällen gab es circa zwölfhundert gemeldete sexuelle Übergriffe (bei anderen Schätzungen bis zu fünftausend Fälle, wobei wie bei allen Sexualverbrechen die Dunkelziffer weitaus höher sein dürfte). Statt in Tunneln wurden die meisten Frauen in ihren Häusern Opfer sexualisierter Gewalt. Dennoch kam es zu Massenvergewaltigungen. Für viele Hunderte, vielleicht Tausende von Frauen in Stuttgart waren die ersten Tage der militärischen Besatzung durch die Alliierten ein Horror.

Doch wer trägt die Schuld an diesen sexuellen Übergriffen? Sicherlich waren französische Soldaten daran beteiligt, denn die französischen Befehlshaber ordneten die Hinrichtung einiger ihrer Männer an, die offenbar solche Verbrechen begangen hatten. Am 29. April zum Beispiel, nachdem sich die USA über das Verhalten der französischen Truppen beschwert hatten, wurden fünf Soldaten der 1. Armee hingerichtet: Mohamed Ben Mohamed, Abdallah Ben Monahem, Mahmoud Ben Mohamed, Bommedine Haroud und Touer Ben Ali.

Die Tatsache, dass es sich bei den Soldaten, die Stuttgart für die Alliierten einnahmen, überwiegend um afrikanisch-muslimische Männer handelte, ist bezeichnend. Diese französischen Soldaten für das Chaos, das betrunkene Verhalten und die Übergriffe auf Frauen in der Stadt verantwortlich zu machen, kam nicht nur den Deutschen gelegen – denen, wie nicht vergessen werden darf, die Naziideologie der rassischen Minderwertigkeit und Unkontrollierbarkeit der Afrikaner eingetrichtert worden war –, sondern auch den US-amerikanischen Behörden.

Über den *Stuttgart Incident* wurde im Juli 1945 in den US-Medien ausführlich berichtet, da die US-Behörden untersuchten, wie die Offiziere der eigenen Armee auf die Ereignisse reagiert hatten. Die Militärhistorikerin Ruth Lawlor weist darauf hin, dass die Berichte über die Massenvergewaltigungen in Stuttgart zu dieser Zeit in den USA als Übergriffe von »afrikanischen Männern« auf »weiße Frauen« dargestellt und von rassistischen Politikern und anderen in den Vereinigten Staaten instrumentalisiert wurden, um ihre eigene Agenda für eine Politik der Rassentrennung gegenüber Afroamerikanern voranzutreiben.

Es kam tatsächlich zu schrecklichen Übergriffen auf Frauen in Stuttgart. Doch diente laut Lawlor die Fokussierung auf »afrikanische« Soldaten als Täter der Vertuschung von Vergewaltigungsvorwürfen, die unter anderem gegenüber weißen US-Soldaten anderswo auf dem europäischen Schlachtfeld erhoben wurden.

Lawlor schreibt weiter, dass die Opfer der Übergriffe in Stuttgart nie richtig zu Wort kamen und die mutmaßlichen Täter schnell hingerichtet wurden, sodass eine umfassendere Aufarbeitung der tatsächlichen Geschehnisse unterblieb: »Geprägt von der Verwirrung im Moment der Eroberung, später von Gerüchten und Mythen in der Öffentlichkeit und schließlich von Revisionen in den offiziellen Aufzeichnungen, bleibt der Stuttgarter Vorfall undurchsichtig.«

Im Lichte dieser Zusammenhänge kann Orwells Augenzeugenbericht über die Unruhen, die sich unmittelbar nach der Eroberung der Stadt durch die Franzosen ereigneten, neue Erkenntnisse über den Vorfall liefern.

Erstens schildert Orwell zwar die Freude der Franzosen über die Demütigung der Deutschen in Stuttgart, aber er schreibt nichts davon, dass deutsche Gefangene von französischen Soldaten körperlich misshandelt worden wären, und legt dies auch nicht nahe. Das bedeutet nicht, dass solche Misshandlungen nicht vorkamen, aber sie fanden zumindest nicht offen und öffentlich auf den Straßen statt als Teil der allgemeinen momentanen Unordnung.

Zweitens: Während die deutsche Geschichtsschreibung über den Stuttgarter Vorfall dazu neigt, französischen Soldaten die Schuld an den Ausschreitungen und Plünderungen zu geben, berichtet Orwell, dies sei das Werk von »Deportierten« und Displaced Persons gewesen, die aus Lagern und Gefängnissen entlassen worden waren. Diese Menschen und möglicherweise auch andere beobachtete Orwell, wie sie wild um sich schossen, Geschäfte plünderten und sich betrunken auf den Straßen bewegten.

Die französischen Soldaten ignorierten anscheinend die Unruhen, da sie sich darauf konzentrierten, deutsche Männer bei Hausdurchsuchungen zu verhaften. Nach dem, was Orwell berichtet, beteiligten sie sich jedoch wohl nicht offensichtlich an Plünderungen und wilden Schießereien. Dies soll die Soldaten nicht von Gewaltvorwürfen entlasten, schon gar nicht hinsichtlich Übergriffen auf Frauen. Höchstwahrscheinlich fand sexueller Missbrauch hinter verschlossenen Türen statt und nicht in unterirdischen Tunneln, die laut Orwell zur Inhaftierung mutmaßlicher männlicher Kollaborateure genutzt wurden. Stattdessen legt Orwells Berichterstattung nahe, dass man eine breitere Gruppe von Verdächtigen in Betracht ziehen muss, wenn man die Schuld an den Ausbrüchen von Gewalt in Stuttgart in diesen ersten Tagen nach der Stadteroberung zuweisen will.

Rache ist nicht süß

Orwells Erfahrungen in Stuttgart blieben ihm in Erinnerung. Sie lieferten das Material für einen Essay, den er einige Monate nach Kriegsende schrieb, mitten in der Debatte unter den westlichen Alliierten über den Umgang mit Nachkriegsdeutschland. Im Titel lässt Orwell die Redewendung »Revenge is sweet« (Rache ist süß) anklingen, die benutzt wird, wenn man Genugtuung dabei empfindet, jemandem zu schaden, der einem selbst Schaden zugefügt hat. Er verdreht das Sprichwort geschickt, um seine Abneigung gegen eine Politik auszudrücken, die versucht, ein besiegtes Deutschland zu treten, während es am Boden liegt. So erscheint der Essay am 9. November 1945 in der *Tribune* unter der Überschrift »Rache ist sauer«.

Anhand zweier Anekdoten aus seiner Zeit in Süddeutschland zeigt Orwell auf, warum Racheakte an einem besiegten Feind nicht befriedigend, sondern leer und sinnlos oder in manchen Fällen einfach nur sadistisch sind. Er berichtet von seinem Besuch in einem Lager für deutsche Kriegsgefangene auf einem Flugplatz – der genaue Ort bleibt ungenannt. In einem Hangar wird Orwell von einem, wie er es ausdrückt, »kleinen Wiener Juden« herumgeführt, der die Aufgabe hat, Gefangene für die US-Armee zu verhören. Orwell beschreibt den Mann aus Wien als einen »aufmerksamen, blonden, recht gut aussehenden jungen Mann von etwa fünfundzwanzig Jahren«, politisch sehr bewandert. Deshalb sei es »ein Vergnügen, mit ihm zusammen zu sein«.

Dann lenkt der Autor die Aufmerksamkeit auf die Wut des Mannes und die Demütigungen und kleinen Grausamkeiten, die er den deutschen Offizieren und einfachen

Soldaten zufügt, da sie nun Gefangene sind und seiner Autorität unterstehen.

Der junge Mann steigert sich in einen »Zustand der Erregung […] in eine Wut«, als er sich einer abgeschirmten Gruppe von Gefangenen nähert. Plötzlich holt er mit seinem schweren Armeestiefel »zu einem am Boden liegenden behinderten Gefangenen« aus, um ihm »einen furchtbaren Tritt direkt auf die Ausbuchtung eines seiner deformierten Füße zu versetzen«. Der deutsche Gefangene muss aufstehen, er wird weiterhin demoralisiert und gedemütigt. Der Wiener Vernehmer nennt den Offizier einen »echten Nazi«, ein Mitglied der SS, das zweifellos »Folterungen und Vollstreckungen« geleitet habe. Orwell schildert das Aussehen des SS-Offiziers als ungepflegt und »widerlich«. Aber er fügt hinzu, dass dieser Mann »nicht brutal oder in irgendeiner Weise beängstigend aussah«. Stattdessen wirkte er »neurotisch und […] geistig unausgeglichen«. Orwell kommentiert weiter:

> So schrumpfte der Nazifolterer der eigenen Fantasie, die monströse Gestalt, gegen die man so viele Jahre gekämpft hatte, zu diesem bedauernswerten Unglücksraben zusammen, der offensichtlich nicht der Bestrafung, sondern einer Art psychologischer Behandlung bedurfte.

Orwell beschreibt »weitere Demütigungen«, die einige andere Häftlinge im Lager erdulden mussten. Dann ergänzt er einen langen, aber wichtigen Absatz; darin fasst er einen der Hauptpunkte seiner Berichte aus Deutschland über die Rache an einem besiegten Feind zusammen:

> Es ist absurd, einen deutschen oder österreichischen Juden dafür zu beschuldigen, dass er sich an den Nazis gerächt

hat. Der Himmel weiß, welche Rechnungen dieser Mann zu begleichen hatte; sehr wahrscheinlich war seine ganze Familie ermordet worden; und schließlich ist selbst ein mutwilliger Tritt gegen einen Gefangenen eine Kleinigkeit im Vergleich zu den Gräueltaten des Hitler-Regimes. Aber diese Szene und vieles andere, was ich in Deutschland gesehen habe, hat mir vor Augen geführt, dass die ganze Idee von Rache und Strafe ein kindischer Tagtraum ist. Genau genommen gibt es so etwas wie Rache nicht. Rache ist eine Tat, die man begehen will, wenn man machtlos ist und weil man machtlos ist: Sobald das Gefühl der Ohnmacht wegfällt, verflüchtigt sich auch der Wunsch.

Orwell fügt hinzu: »Wer hätte 1940 nicht einen Freudensprung gemacht bei dem Gedanken, SS-Offiziere getreten und gedemütigt zu sehen? Aber wenn die Sache möglich wird, ist sie nur noch erbärmlich und ekelhaft.«

Orwell betont seine Abscheu vor Racheakten unter den von ihm beschriebenen Umständen, um gegen »die monströse Friedensregelung« zu argumentieren, »die Deutschland jetzt aufgezwungen wird«. In einem entscheidenden Moment der Nachkriegsdebatten unter den alliierten Siegern über die Zukunft Deutschlands stützt sich Orwell auf Erfahrungen aus erster Hand in den kriegszerstörten deutschen Städten und Dörfern. Er wendet sich gegen die Pläne, Deutschland durch die Auferlegung von Kriegsreparationen und durch die Aufteilung in militärisch besetzte Zonen zu bestrafen, weil dies niemandem eine echte Befriedigung bringen und Europa auf Jahre hinaus destabilisieren würde.

Die Geschichte zeigt, dass sich Orwells Argumente durchgesetzt haben. Deutschland wurde nicht zu Reparationen gezwungen in der Größenordnung, wie es nach dem

Ersten Weltkrieg der Fall gewesen war. Es wurde eine neue, selbstverwaltete, demokratische, föderale Republik gegründet, zumindest in Westdeutschland, und die Vereinigten Staaten unterstützten den Wiederaufbau finanziell. Rückblickend kann Deutschland Intellektuellen wie George Orwell dankbar sein, die sich weiterhin für eine Politik der Entlastung statt der Rache im Umgang mit einem besiegten Feind einsetzten.

Blumen und Kaffee

Zum Abschluss seines Essays »Rache ist sauer« erzählt Orwell jene Anekdote, von der bereits die Rede war. Er erinnert sich an die Fußgängerbrücke über den Neckar und seinen Gang in die zerbombte Stadt. Orwell war dort mit einem belgischen Journalisten unterwegs, der »eine sehr viel härtere Haltung gegenüber« den Deutschen hatte als ein Amerikaner oder Engländer. Am Fuß der Brückentreppe bemerkten die beiden Reporter den toten deutschen Soldaten mit dem Fliederstrauß auf der Brust. Jemand hatte sich die Zeit genommen, einige Zweige des Frühlingsstrauchs zu pflücken, der laut Orwell »überall blühte«, um diesen einen toten Mann zu ehren. Es war eine kleine Geste der Fürsorge und des Respekts für ein menschliches Wesen inmitten einer Landschaft von Tod und Zerstörung, und sie bewegte Orwell und seinen belgischen Kollegen.

Orwell berichtet, dass der Belgier ihm anvertraute, er habe zum ersten Mal eine Leiche gesehen, und diese Erfahrung habe seine Einstellung zu dem vom Krieg verwüsteten Land und seiner kriegsmüden Bevölkerung verändert. Orwell beschreibt, dass der Belgier mit Abscheu auf die von Bomben zerstörte Stadt und die Demütigung der Deutschen blickte und sogar einmal eingriff, um eine besonders schlimme Plünderung zu verhindern. Als er ging, gab er den Rest des mitgebrachten Kaffees den Deutschen, bei denen wir einquartiert waren.

Orwell stellt fest, dass sich dieser Mann eine Woche zuvor »wahrscheinlich über die Idee empört hätte, einem Deutschen Kaffee zu geben«. Aber der Anblick der mit Flieder geschmückten Leiche am Fuße der Brücke und der zerbombten, ausgeplünderten Stadt änderte seine Gefühle.

Dieser Journalist aus Belgien, dessen Land vier Jahre lang von Nazideutschland besetzt gewesen war, dieser Mann, der eine besondere und verständliche Abneigung gegen die Deutschen gehegt hatte, teilte nun Orwells Ansicht, dass Deutschland nicht mehr getreten werden sollte, da es besiegt in den Trümmern des Kriegs lag.

Sind solche Beschreibungen eines Sinneswandels übertrieben? Konnte sich die Haltung der Alliierten gegenüber den Deutschen und Deutschland so schnell ändern, als sie die Verzweiflung und die Zerstörungen sahen, die der Krieg hinterlassen hatte? In einem der wenigen erhaltenen Briefe aus seiner Zeit als Kriegsberichterstatter, den er am 11. Mai 1945 aus Paris an eine Bekannte schrieb, wiederholte Orwell: »Die Zerstörung Deutschlands ist furchterregend, viel schlimmer, als die Menschen in England begreifen.« Für Orwell brauchte Deutschland nicht weiter bestraft zu werden.

In der Tat war einer der erbittertsten Gegner des Plans, Deutschland nach dem Krieg irgendeine Art von Begnadigung oder Hilfe zu gewähren, Frankreichs General und Nachkriegspräsident Charles de Gaulle gewesen. Lange

Zeit hatte de Gaulle die Schwächung Deutschlands durch Aufteilung in alliierte Besatzungszonen befürwortet. Doch seine Reisen durch die bombenzerstörten Städte und Ortschaften gegen Ende des Kriegs erweichten sogar seine verhärtete Haltung. Die völlige Auslöschung von Menschen und Orten bewegte ihn, Folgendes zu schreiben:

> Das Gesicht, das Deutschland jetzt präsentierte, war in jeder Hinsicht bedauernswert. Beim Anblick der in Schutt und Asche liegenden Städte, beim Durchfahren der zerstörten Dörfer […] und beim Blick auf die leidende Bevölkerung schnürte sich mir als Europäer das Herz zusammen. […] Inmitten der Trümmer, der Trauer und der Demütigungen, die Deutschland nun erdulden musste, spürte ich, wie mein Misstrauen und meine Härte schwanden. Ja, ich begann, Möglichkeiten der Verständigung zu erahnen, die zuvor nie in solcher Form möglich schienen.

De Gaulle behauptete, das gleiche Empfinden bei seinen Soldaten gespürt zu haben: »Der Odem der Rache, der sie zu Beginn erfüllt hatte, schwand zusehends, je weiter sie über den verwüsteten Boden vordrangen.«

Mit den Erfahrungen, die er in Deutschland machte, stellte Orwell sicherlich keine Ausnahme dar. Wie andere, die die Vernichtung des Landes miterlebt hatten, war auch er davon stark betroffen. Seine Eindrücke blieben ihm bis weit über den Krieg hinaus erhalten und schlugen sich in einem Großteil seines späteren schriftstellerischen Werks nieder.

VII Ende des Kriegs: Paris und Österreich

Nach seiner Tour über die Schlachtfelder in Bayern und Württemberg kehrt Orwell nach Paris zurück, wahrscheinlich für etwa zwei Wochen. Dort erlebt er das Ende des Kriegs. Er wird Zeuge der Feierlichkeiten zum *Victory in Europe Day* (VE-Tag), die auf die Nachricht von der bedingungslosen Kapitulation Deutschlands am 8. Mai 1945 folgen. Er berichtet auch über die französischen Kommunalwahlen und die Rückkehr führender französischer Politiker aus deutscher Gefangenschaft. Orwells Hauptaugenmerk in seiner abschließenden Serie von Kriegs- und Nachkriegsberichten liegt jedoch auf dem Schicksal Deutschlands. Es folgt eine letzte Recherchereise nach Österreich, und er begegnet einer für ihn höchst merkwürdigen Szenerie: Naturschönheiten, die so gar nicht zum Krieg passen wollen. »Fantastisch«, eine Art »Chaos, [das] fast komisch erscheint«, so beschreibt Orwell die österreichische Landschaft südlich von Salzburg.

Obwohl es Mitte Mai ist, herrscht im Salzburger Land »herrliches Sommerwetter«. Und dann der Riss im Bild. Deutsche Soldaten werden von alliierten Truppen zusammengetrieben, »vor dem Hintergrund schneebedeckter Berge, unzerstörter Dörfer und Wiesen voller Wildblumen«. Es ist eine fesselnde, malerische Landschaft, offenbar ein erhebender Anblick für den Kriegsberichterstatter. Doch Orwell, stets wachsam, versucht, hinter die Kulissen der natürlichen Schönheit zu blicken, um sich auf das menschliche Chaos von lebenden und toten Körpern zu konzentrieren, die die österreichische Landschaft bei seinem Besuch übersäen.

Aber kehren wir zunächst zu den Wochen vor seiner Österreichreise zurück.

»Nun steht Deutschland vor dem Hunger«

Dies ist die Überschrift des ersten Berichts, den Orwell nach seinem Besuch in Mittelfranken und Stuttgart schreibt. Er erscheint am 4. Mai 1945 und ist sein letzter Artikel für die *Manchester Evening News* als Kriegsberichterstatter. Angesichts des Themas und dessen, was wir über Orwells Reisen wissen, ist es wahrscheinlich, dass er ihn noch in Deutschland oder auf dem Rückweg nach Paris schrieb und einreichte. Er spricht ein breites Spektrum von Problemen an – Kriegsmüdigkeit, Lebensmittelknappheit, Wiedereröffnung der Schulen, Bedrohung durch die Naziguerilla. Alle diese Themen beziehen sich auf Deutschland und beruhen eindeutig auf Beobachtungen und Informationen, die er hier gesammelt hat.

Orwell wiederholt eine Schlüsselbotschaft, die er seiner *Observer*-Leserschaft bereits von der Front aus vermittelt hat: Zurzeit verhielten sich die einfachen Deutschen äußerst kooperativ gegenüber den alliierten Streitkräften, weil sie kriegsmüde seien. »[Sie sind] sich durchaus bewusst, dass sie den Krieg verloren haben, [und] zutiefst erleichtert, dass die Bombardierung aufgehört hat.«

Vor allem in den ländlichen Gebieten sind »die Bauern den Krieg so sehr leid, dass sie die vorrückenden alliierten Truppen oft eher als Befreier denn als Eroberer begrüßen«. Allerdings erweisen sich die immer größer werdenden Banden von entkommenen oder befreiten Gefangenen und ausländischen »Deportierten«, die durch die deutschen Lande ziehen, für die alliierten Streitkräfte als ein immenses Problem.

Die provisorischen alliierten Militärregierungen sind voll und ganz mit der Reorganisation staatlicher Strukturen beschäftigt: neue Lehrkräfte und Schulbücher finden, um die Schulen wieder zu öffnen; entscheiden, welche Fabriken wieder in Betrieb genommen werden sollen, welche Landwirtschaftspolitik zu verfolgen ist und wen man als politisch zuverlässigen Bürgermeister und Verwalter einsetzen kann.

Das »unmittelbarste und gefährlichste Problem ist jedoch das der Lebensmittel«. Noch sind die Lebensmittelvorräte recht groß, berichtet Orwell, aber »in diesem Winter wird es zu einer schweren Lebensmittelknappheit kommen«. Und die Unzufriedenheit über die Ernährungslage »ist der wahrscheinlichste Ausgangspunkt für den deutschen Widerstand«.

Bisher habe es jedoch erstaunlich wenig Sabotage oder Guerilla-Aktivitäten gegeben, die sich gegen die alliierte Militärherrschaft richteten, stellt Orwell fest. Das könne sich ändern, wenn Lebensmittel und andere Vorräte ausblieben und wenn die Alliierten keine klareren Perspektiven böten, wie Deutschland in Zukunft regiert werden solle. Orwell berichtet, viele Deutsche hätten »Angst vor den Franzosen und den Russen« und seien besorgt, dass jede alliierte Armee so viel Territorium wie möglich an sich reißen wolle und Deutschland dadurch zersplittert werde.

Es würde helfen, schlägt er vor, wenn jede Militärregierung, anstatt nur ihre eigene Flagge in den ihnen derzeit zugewiesenen Gebieten zu hissen, auch die Flaggen ihrer Alliierten zeigen würde. Orwell befürchtet, dass eine fehlende Einigung in dieser Frage in eine echte Teilung und Auflösung Deutschlands nach dem Krieg münden könnte.

»Schuhsohlen-Journalismus«

Anfang Mai 1945 ist Orwell wieder in Paris. Von hier aus schreibt er seine letzten beiden Pariser Artikel für den *Observer*. Unter den Überschriften »Frankreichs Interesse am Krieg schwindet« und »Befreite Politiker kehren nach Paris zurück« berichtet Orwell über die Ergebnisse der Kommunalwahlen, den Empfang der zurückgekehrten Kriegsgefangenen und die Stimmung in Paris nach der Nachricht von der Kapitulation Deutschlands.

Orwell schreibt über den deutlichen Sieg der linken Parteien in den Kommunalwahlen am 29. April 1945, den ersten Wahlen seit Kriegsanfang und den ersten überhaupt, bei denen Frauen in Frankreich wählen dürfen. Ein historisches Ereignis. Ein Drittel der Wähler stimmt für die Kommunisten. Deuten die Wahlergebnisse auf eine neue, revolutionäre Gesinnung in Frankreich hin? Orwell macht sich daran, diese Frage zu beantworten, indem er auf die Straße geht und die Stimmung erkundet.

> Paris hat sich in der Frühlingssonne aufgehellt. Nahrungsmittel gibt es nicht mehr in Hülle und Fülle wie bei meiner Ankunft vor zwei Monaten, aber es gibt Salatköpfe und Frühlingszwiebeln, sogar Erdbeeren, wenn man sie bezahlen kann, und es ist warm genug, um an Cafétischen im Freien zu sitzen.

Die Kleidung ist immer noch schäbig, aber die Hüte der Frauen sind extravaganter als je zuvor. Wären da nicht die allgegenwärtigen amerikanischen Soldaten, würde man dies kaum für die Hauptstadt eines Landes im Krieg halten. […] Das Leben geht ziemlich weiter wie immer, und die Suche nach Nahrung, Treibstoff und Vergnügen ist für die meisten Menschen wichtiger als jedes äußere Ereignis.

Orwell schreibt auch über »die langen Warteschlangen vor den Kinos« und den hohen Anteil an Sportberichterstattung in den Zeitungen, um darauf hinzuweisen, dass die Franzosen anscheinend mehr an Unterhaltung und Erholung interessiert seien als an lokaler oder internationaler Politik. »Fünfzig Prozent der Wähler haben gerade Sozialisten oder Kommunisten gewählt, aber die Kurzwarenhändler stellen immer noch Zylinder in ihren fast leeren Schaufenstern aus, und Männer mit Reklameplakaten für Maniküre stapfen immer noch hin und her.« Laut Orwell steht Frankreich sicherlich nicht am Rande einer Revolution: »Der allgemeine Wunsch ist derzeit nach Sicherheit und Normalität und nicht nach drastischen Veränderungen.«

Interessant ist, wie Orwell recherchiert. Um ein politisches Ereignis und eine Stimmung zu ergründen und zu beschreiben, trifft er sich nicht mit Experten, Analysten oder hochrangigen Beamten. Sein journalistischer Instinkt treibt ihn dazu an, auf die Straße zu gehen, zu beobachten, mit den Menschen zu sprechen, um tiefere Einsichten und Einblicke zu gewinnen, als sie ein Journalist in einem Büro sammeln kann. Er läuft sich sprichwörtlich die Schuhsohlen ab auf der Suche nach Informationen, und das zeichnet guten Journalismus aus.

Eine Woche später berichtet Orwell für den *Observer* auch über die Siegesfeiern in Paris anlässlich des Kriegsendes. Als die Nachricht von der deutschen Kapitulation durchsickerte, begannen öffentliche Gesänge und Prozessionen. Am Dienstagmittag, dem 8. Mai, war »die Menschenmenge so groß, dass viele der Hauptstraßen und -plätze nicht mehr passierbar waren«.

Orwell schildert, dass er sich an diesem Tag durch die Menschenmassen drängte, um auf der Place de la Concorde zu sein, als die offizielle Ankündigung gemacht wurde. Über die öffentlichen Lautsprecher hörte er de Gaulle verkünden: »Der Krieg ist vorbei. Das ist der Sieg.« Die Menschen brachen nicht sofort in Jubel aus, sondern hörten sich den Rest von de Gaulles Rede an und standen dann »in ehrfürchtiger Stille, während die Nationalhymnen aller führenden Alliierten gespielt wurden«. Als er mitten in Paris in der Menge steht, um die Atmosphäre des VE-Tags aufzusaugen, erlebt er eine Stimmung nicht der triumphalen Begeisterung, sondern der kontemplativen Freude und Erleichterung. Dies ist Orwells letzter Bericht, den er von seinem Pariser Arbeitsplatz aus sendet.

Übrigens, am Tag der Veröffentlichung dieses Berichts – Sonntag, 13. Mai 1945 – erscheint der Name Orwell zweimal im *Observer*. Auf Seite 5 ist sein Bericht zu den Feierlichkeiten in Paris abgedruckt. Und am äußeren Rand auf Seite 3 findet sich eine kleine Zeitungsanzeige von Orwells neuem Verlag, Secker & Warburg. Unter vier neuen Titeln, die für Mai oder Juni avisiert werden, steht auch:

George Orwell
ANIMAL FARM

Paris, Place de la Concorde, 8. Mai 1945. © akg images

Bei dieser Vorankündigung lag der Verlag allerdings falsch. Erst Mitte August 1945 wird Orwells Roman *Farm der Tiere* veröffentlicht. Es ist der erste Roman von ihm, der zu einem Kassenschlager wird.

Als Kriegsreporter hatte sich Orwell offiziell bei der Armee unter seinem Namen Eric Blair angemeldet. Während seiner Zeit in Paris und Deutschland war er für Kolleg:innen und Militärs immer noch als Captain Blair unterwegs. Mit zunehmender Verbreitung seiner Texte wurde aus ihm George Orwell. Doch egal ob Blair oder Orwell, er blieb lange Zeit als Autor weitgehend unbekannt. Die Veröffentlichung und der sofortige Erfolg von *Farm der Tiere* änderte dies schlagartig. Diese erste kleine Annonce für seinen neuen Roman im *Observer* ist zu optimistisch, was das Erscheinungsdatum anbelangt. Aber sie kündigt die Entstehung eines berühmten Schriftstellers, ja, eines Weltliteraten an.

Aufbruch in Österreich

Mitte Mai unternimmt Orwell seine letzte Reise als Kriegsreporter. Er besucht Österreich und berichtet, dass das Land nicht annähernd so stark vom Krieg verwüstet worden ist wie Deutschland. Er dachte, er würde in Österreich den alliierten Streitkräften bei Aufräumarbeiten zusehen. Er ist jedoch überrascht, dass er dort mehr deutsche Kriegsgefangene als alliierte Soldaten antrifft.

»Die Deutschen sind überall, in jedem Dorfgasthof, dieser Knoten grauer oder grüner Uniformen, der sich um die Veranda schart«, und die Hälfte des Verkehrs auf den Straßen bestehe aus Fahrzeugen voller Deutscher. »Neulich fuhr ich durch eine Gegend südlich von Salzburg, in der es schätzungsweise 100 000 Deutsche gab, obwohl mir die Zahl viel größer vorkam.«

Es gebe so viele Kriegsgefangene, berichtet Orwell, dass die Alliierten einfach dazu übergegangen seien, den deutschen Soldaten die Waffen abzunehmen und auf einer Karte ein Gebiet abzustecken, in dem sie sich aufhalten sollten. Inmitten einer sonnenüberfluteten Landschaft mit blühenden Wiesen und schneebedeckten Bergen begegnen Orwell seltsame, »fantastische« Szenen:

> Meile um Meile fuhr ich an Feldern voller Männer vorbei, die sich sonnten oder in den Bächen wuschen, und an Zehntausenden von ordentlich geparkten Fahrzeugen und Hunderten von Leichen […]. An jeder Kreuzung gab es deutsche Militärpolizisten, die den Verkehr regelten.

Orwell beschreibt ein »Chaos« von menschlichen Körpern. Dennoch scheint eine Art Nachkriegsordnung zu existieren.

Offensichtlich sind die deutschen Kriegsgefangenen an diesem Ort gerade in der Überzahl. Aber Orwell stellt fest, dass es auch Lager für Displaced Persons und für alliierte Kriegsgefangene gibt. Die Aufgabe, all diese Menschen zu ernähren, wird sich für die Alliierten als äußerst schwierig erweisen. Orwell hebt dieses unmittelbare Problem – die Ernährung »mehrerer Millionen Gefangener« – hervor, um längerfristige Probleme zu erörtern, mit denen sich die Alliierten in Deutschland und Österreich konfrontiert sehen. Damit kehrt er in diesem, seinem allerletzten Bericht aus dem kriegsgebeutelten Europa, zu einem Thema zurück, das sich wie ein roter Faden durch einen Großteil seiner Kriegsberichterstattung zieht: die »willkürliche Aufteilung« Deutschlands in »getrennte Zonen alliierter Besatzung«.

Da wenige direkte Kontakte zwischen den Russen und den westlichen Alliierten bestanden, sah Orwell bereits die mögliche politische Spaltung eines zukünftigen Europas voraus:

> Wenn die gegenwärtige starre Teilung fortbesteht, muss sie den wirtschaftlichen Aufschwung dieser Länder zurückwerfen, und sie muss zu einem Wettbewerb um die Loyalität des deutschen und des österreichischen Volks führen.

Der Ausweg aus diesem Dilemma, so Orwell, sei die Einigung der Alliierten auf gemeinsam verwaltete Territorien:

> Es ist schwer zu glauben, dass die Verwaltung Österreichs und Deutschlands jemals erfolgreich sein kann, wenn es sich nicht um eine allgemeine gemeinsame Verwaltung handelt. Und jeder Tag, der dies hinauszögert, erschwert eine nachhaltige Lösung.

Für ihn war die erste unabdingbare Notwendigkeit, dass die Regierungen der Vereinigten Staaten und Großbritanniens entscheiden sollten, was sie mit den besiegten Ländern zu tun gedachten, und ihre Absicht klar darlegten. Doch diese zögerten.

Während sich die Sowjetunion unter Stalins Führung daran machte, ihren Einfluss und schließlich ihre Herrschaft in den gerade erst befreiten Ländern und Regionen Osteuropas zu festigen, wollten Großbritannien und die USA einen mächtigen Kriegsverbündeten nicht verärgern. Orwell sah im Wesentlichen die politischen Spaltungen der Nachkriegszeit voraus, die sich in den folgenden Jahrzehnten in Europa verfestigen sollten, und deutete sie in seinen Schriften an.

Abschließende Kommentare

Orwell beendete seine Kriegsreportagen, indem er sich in seinen letzten beiden Artikeln für den *Observer*, die am 27. Mai und 10. Juni veröffentlicht wurden, auf zwei große Themen konzentrierte: die zukünftige Herrschaft in Deutschland und das Schicksal der Displaced Persons. Diese Themen hatte er in seinen anderen Berichten wiederholt angesprochen. Aber es scheint, als ob Orwell von der Zeitung beauftragt wurde, seine Erfahrungen in Frankreich, Deutschland und Österreich abschließend zu verarbeiten und einen sachkundigen Kommentar mit einer umfassenden politischen Analyse zu den wichtigsten Herausforderungen zu verfassen, vor denen die Alliierten nach dem Ende des Kriegs standen.

Es ist unwahrscheinlich, dass Orwell die beiden letzten der zwanzig Artikel, die er als Kriegsberichterstatter schrieb, noch auf dem europäischen Kontinent fertigstellte. Da Paris in keinem der beiden Artikel in der Zeile neben seinem Namen vermerkt ist, sind sie mit hoher Wahrscheinlichkeit nicht dort entstanden. In Anbetracht der Tatsache, dass er spätestens am 24. Mai nach London zurückgekehrt war, könnte er sie nach diesem Datum geschrieben oder zumindest fertiggestellt haben. Vom Inhalt her sind die beiden Artikel nachdenklichere – ja, essayistischere – Auseinandersetzungen mit Krieg und Wiederaufbau als die meisten seiner anderen Berichte.

Interessanterweise wurden sie als einzige von Orwells Artikeln ganz vorn auf Seite 1 des *Observer* veröffentlicht. Orwells Freund und *Observer*-Redakteur David Astor äußerte sich später allgemein enttäuscht über die Kriegsberichterstattung Orwells. Seiner Ansicht nach war Orwell ein besserer Essayist als Journalist.

Waren diese beiden letzten Artikel vielleicht Ausnahmen von der Regel? Ist es ihr reflektierter, analytischer, essayistischer Stil, der die Redakteure überzeugt hat, diese Berichte auf die erste Seite zu setzen? Auf jeden Fall bleiben sie die einzigen journalistischen Arbeiten Orwells, die es auf die Frontpage einer großen englischen Zeitung schafften.

In »Hindernisse für eine gemeinsame Herrschaft in Deutschland« skizziert Orwell, was die alliierten Mächte tun müssten, um eine »gemeinsame Besatzung« in Deutschland zu errichten und zu verhindern, dass das Land in getrennte Kontrollzonen aufgeteilt werde. Da Russland eine gemeinsame Herrschaft nicht befürworte, müssten die westlichen Alliierten »sich vergewissern, dass die Masse des deutschen Volks nach Westen und nicht nach Osten schaut«.

Aufgrund seiner Recherchereisen in Deutschland weiß Orwell, dass die »Mehrheit der Deutschen die Aussicht, unter russischer Kontrolle zu stehen, aufs Tiefste ablehnt und dies auch unmissverständlich zum Ausdruck gebracht hat«. Die Propaganda in den von der Sowjetunion kontrollierten Gebieten bleibe jedoch unwidersprochen, weil unabhängige Journalisten und Beobachter dort ausgeschlossen seien.

Orwell wirft in seinem Artikel wichtige Fragen auf, mit denen sich die Regierungen Großbritanniens und der Vereinigten Staaten befassen müssen:

> Soll die deutsche Industrie demontiert werden oder soll sie wiederaufgebaut werden? Sollen das Ruhrgebiet und das Rheinland annektiert werden, oder nicht? Sollen die Kriegsgefangenen Zwangsarbeit leisten oder sollen sie so schnell wie möglich freigelassen werden? Welche Kategorien von Deutschen sollen als Kriegsverbrecher behandelt werden?

Laut Orwell ist es vor allem das deutsche Volk, das Antworten auf diese Fragen suche: Eine »schnelle und klare Erklärung der Politik« der westlichen Alliierten würde dazu beitragen, die Deutschen zu beruhigen, dass die »gegenwärtige stückweise Besetzung Deutschlands und Österreichs« nur vorübergehend sei.

Orwell ist in der Lage, mit Autorität über das Thema zu schreiben, weil er in Deutschland war, mit gewöhnlichen Deutschen gesprochen hat. Er weiß, dass sie bereit sind, ihr Land unter britischer und amerikanischer Führung wiederaufzubauen, und dass sie sowjetischer Hilfe skeptisch gegenüberstehen.

In seiner zweiten Reportage, die auf Seite 1 erschien, wendet sich Orwell dem »Ungewissen Schicksal der Displaced Persons« zu, wie die Überschrift des Artikels deutlich macht. Orwell äußert sich besorgt über die Millionen von ausländischen Zwangsarbeiter:innen und anderen durch den Krieg entwurzelten Menschen, die in Lagern in ganz Europa leben. Allein in Deutschland seien etwa 4 500 000 Menschen in mehr als 230 von den Vereinten Nationen betreuten Lagern und anderen Militärlagern untergebracht. Doch ihre Zahl wachse täglich. Die alliierten Militärs stünden nun vor der Mammutaufgabe, so viele Menschen wie möglich zu registrieren, medizinisch zu untersuchen und zu repatriieren.

Obwohl diese Menschen in der britischen Presse als »Sklavenarbeiter« bezeichnet wurden, erklärt Orwell, dass es große Unterschiede in der Art und Weise gebe, wie sie von den deutschen Behörden behandelt worden seien, auch abhängig davon, wo sie beschäftigt waren: »Diejenigen, die in Fabriken arbeiteten, lebten in Lagern unter Halbgefängnisbedingungen, aber denjenigen, die auf dem Land arbeiteten, meist auf kleinen Bauernhöfen […], scheint es einigermaßen gut gegangen zu sein.«

Orwell wirft dann die Frage nach der erzwungenen Repatriierung von Zwangsarbeiter:innen auf: Was, wenn eine DP nicht ins Heimatland zurückkehren wolle? Viele Polinnen und Polen in den Lagern in Deutschland, so Orwell, zögen es vor, im Ausland zu bleiben, als in das von den Sowjets kontrollierte Gebiet zurückzukehren. Die westlichen Alliierten hätten bisher kein offizielles Konzept, keinen Plan für eine Vorgehensweise dazu entwickelt. Orwell verweist in diesem Zusammenhang auf die Millionen Europäer, die am Ende des Kriegs zu Geflüchteten wurden.

Wertvolle Arbeit

Der Titel des letzten Berichts, den Orwell als Kriegsberichterstatter schrieb, beginnt mit den Worten »Ungewisses Schicksal«. Dieser Bericht befasste sich mit dem Schicksal der Millionen von Menschen, die durch den Krieg auf dem europäischen Kontinent entwurzelt wurden und einer ungewissen Zukunft gegenüberstanden. Doch die Worte verweisen auch sehr treffend auf Orwells eigenes ungewisses Schicksal, seine unbestimmte literarische Zukunft, als er nach dreimonatiger Reise als Reporter nach England zurückkehrte.

Ende Mai 1945 gab es in Orwells Privatleben in London genug Herausforderungen: Er hatte seine Frau verloren, einen kleinen Sohn zu versorgen, und sein eigener Gesundheitszustand verschlechterte sich. Darüber hinaus verzögerte sich die Veröffentlichung von *Farm der Tiere* weiter; er hatte keine feste Anstellung und wusste nicht, was er als Nächstes tun würde oder wie er sein nächstes Gehalt verdienen sollte. Es gab wohl keine andere Zeit in Orwells Leben, in der er einer solchen persönlichen und beruflichen Unsicherheit ausgesetzt war.

Wenn Orwells Biografen einen Blick auf sein Leben und sein Werk werfen, verhöhnen sie meist die drei Monate, die er als Kriegsberichterstatter in Europa verbracht hat: Es sei eine »Verschwendung seiner Talente« gewesen, eine »verlorene Chance« oder eine dunkle Phase der Einsamkeit für ihn aufgrund des Verlusts seiner Frau. Die Schriften aus dieser Zeit werden daher als weitgehend irrelevant für die Beurteilung seines Lebenswerks eingestuft.

Sicherlich hatte Orwell gehofft, dass die Reise ihm Einblicke in die Denkweise von Menschen in einem totalitären

Staat verschaffen würde. Aber sobald die Alliierten den Rhein überquert hatten und in Deutschland einmarschiert waren, gab es für ihn kein Nazideutschland mehr zu erleben. Das bedeutet jedoch nicht, dass das, was Orwell über den Krieg in Deutschland schrieb und was er hier erlebt hatte, wertlos oder dass die Reise reine Zeitverschwendung gewesen wäre.

Er hat viele Dinge beobachtet und erlebt, wenn auch vermutlich andere als erhofft. Das Ausmaß der Zerstörung in den deutschen Städten schockierte ihn, und er schaffte es, dies seiner Leserschaft gut zu vermitteln. Die organisatorischen und logistischen Aufgaben, vor denen die alliierten Armeen nun standen, schienen fast unüberwindbar: die unglaubliche Anzahl der entwurzelten Menschen, die durch das Land zogen oder aus Lagern befreit wurden; die spontane Gewalt, die in einem Machtvakuum entfesselt wurde; der krasse Gegensatz zwischen den Auswirkungen des Kriegs in der Stadt und auf dem Land; die Fügsamkeit und Passivität der Besiegten; die unterschiedlichen Auffassungen der Siegermächte. All diese Dinge, die Orwell beobachtete und über die er schrieb, trugen zu einem besseren Verständnis der Endphase des Zweiten Weltkriegs und der Probleme bei, aus den Trümmern einen Neuanfang zu schaffen. Sie hinterließen Spuren in ihm und prägten ihn als Schriftsteller.

Der Journalismus, den Orwell in den drei Monaten des Frühjahrs 1945 oft unter enormem Zeitdruck praktizierte, war gut verständlich, innovativ, nah an den Menschen. Er zeigte ein tiefes Verständnis des Sachverhalts und bot alternative Perspektiven auf den Krieg. Gerade weil er ein kreativer Schriftsteller und kein ausgebildeter Zeitungsreporter war, schuf Orwell das Unerwartete. Weil er eher die Stimme der einfachen Leute als die der offiziellen Kanäle suchte, war er in der Lage, überraschende Momente einzufangen, mit seinem Schreiben Bilder zu malen, wo andere vielleicht nur leblose Fakten und klischeehafte Floskeln produziert hätten. Er bemerkte Dinge, die andere übersehen hätten und übersehen haben.

VIII Orwell und das Verbrechen des Jahrhunderts

Wie wir jetzt in seiner gesamten Berichterstattung gesehen haben, lenkt Orwell die Aufmerksamkeit mitfühlend auf die Notlage der deutschen Zivilbevölkerung, die nach dem Krieg den Wiederaufbau leisten muss. Er bringt sein Mitgefühl für die Lage der Zwangsarbeitenden und Kriegsgefangenen in deutschen Lagern zum Ausdruck. Aber was sagt Orwell zu den Konzentrationslagern der Nazis? Was ist mit dem Massenmord und Völkermord an den europäischen Jüdinnen und Juden in den von Deutschland kontrollierten Gebieten? In den zwanzig Zeitungsberichten, die Orwell in seiner Zeit als Kriegsberichterstatter schrieb, macht er seine Leserschaft nicht ein einziges Mal auf die Verbrechen an der jüdischen Bevölkerung aufmerksam.

In seinen früheren Berichten, die größtenteils auf dem Besuch in Aachen beruhten, kommentierte er die seiner Meinung nach relativ anständige Behandlung von Zwangsarbeitenden und alliierten Soldaten, die in Deutschland in Kriegsgefangenschaft waren. Sie schienen in Deutschland angemessen ernährt und nicht offen misshandelt worden zu sein. Diesen Eindruck musste er im Lauf seiner Berichterstattung korrigieren. Je weiter er ins Landesinnere vordrang, desto mehr wurde er der schrecklichen Behandlung gewahr, die die Gefangenen, insbesondere die russischen Kriegsgefangenen, erfahren hatten. Auch seine Analyse des Umgangs mit Zwangsarbeitenden änderte sich: Entgegen seinen früheren Eindrücken wurden vor allem diejenigen, die zur Arbeit in Fabriken abkommandiert waren, misshandelt und gezwungen, wie Sklaven für die Kriegsmaschinerie der Nazis zu arbeiten. Darüber hinaus erscheinen in Orwells Berichten Nazifunktionäre und Politiker als die Verantwortlichen für die Verbrechen im Namen des deutschen Staats, die entlarvt und bestraft werden müssten.

Aber das Schicksal der Juden wird mit keinem Wort erwähnt. Warum eigentlich? Warum versäumt es dieser große Autor, über die größten Verbrechen der Kriegszeit in Deutschland zu schreiben?

Es stimmt, dass Orwell bei keinem seiner drei Besuche in Deutschland als Kriegsberichterstatter ein Konzentrationslager der Nazis besuchte. Keine der alliierten Truppen, mit denen er reiste, befreite bei ihren Militäreinsätzen Konzentrationslager in West- oder Süddeutschland. Er besuchte andere Lager, aber keine der Einrichtungen, die zur Vernichtung jüdischer Menschen errichtet wurden. Als Nachrichtenreporter konnte er nicht über die Zustände in Lagern berichten, die er nicht gesehen oder von denen er keine direkte Kenntnis hatte.

Dennoch beinhalteten Orwells Berichte aus Paris und Deutschland oft andere Themen. Insbesondere in einigen seiner längeren Berichte fand er Gelegenheit, über andere Aspekte des Kriegs zu schreiben, die er für wichtig hielt: die Rückkehr der Kriegsgefangenen im Allgemeinen, eine eventuelle Lebensmittelknappheit, der Wiederaufbau nach dem Krieg. Diese Themenwahl beruhte nicht auf seinen Beobachtungen oder Notizen vor Ort. Es scheint, dass er als

Reporter eine gewisse Freiheit hatte, seine eigenen Ideen für Geschichten zu entwickeln.

Er musste nicht an Pressekonferenzen teilnehmen oder mit offiziellen Quellen sprechen, um Informationen für seine Berichte zu erhalten. Es sieht nicht so aus, als ob er vom Chef einer Zeitung den Auftrag erhalten hätte, über bestimmte Sachverhalte zu schreiben. Nichts hätte ihn daran gehindert, über die Behandlung von Jüdinnen und Juden durch Hitler beziehungsweise Nazideutschland zu schreiben, wenn er dies gewollt hätte.

Vorwürfe des Antisemitismus

Manche mögen solche Auslassungen auf einen latenten Antisemitismus zurückführen. In seinen früheren Schriften aus der Zeit vor Hitlers Machtergreifung gab Orwell unkritisch unverhohlen antisemitische Äußerungen wieder, die ihm von anderen zugetragen wurden. Wenn jüdische Menschen in seinem Frühwerk überhaupt auftauchen, werden sie überwiegend in einem negativen Licht dargestellt. Er scheint sich der weitverbreiteten antijüdischen Stimmung angeschlossen zu haben, die in England wie auch anderswo in Europa bis in die 1930er-Jahre hinein herrschte.

Mit der Machtübernahme Hitlers in Deutschland und dem Aufkommen des Faschismus in Europa nahm die stereotype Darstellung der Juden in seinem Werk ab. Als linker Schriftsteller und politischer Analytiker, als jemand, der im Krieg gegen den Faschismus in Spanien gekämpft hatte, war Orwell eindeutig dem antifaschistischen Widerstand verpflichtet. Wie viele Linke lehnte er den Faschismus ab und hielt ihn für einen Fluch für die Menschheit, der bekämpft werden musste. Gegen Ende des Zweiten Weltkriegs und darüber hinaus prangerte er antisemitische Vorurteile deutlicher an, auch wenn er die mörderischen Folgen des Antisemitismus in Deutschland kaum thematisierte.

Orwell warnte davor, Hitler zu unterschätzen, sah in ihm einen Diktator, mit dem man nicht verhandeln sollte, und forderte im Grunde seine Ermordung. »Ich würde ihn sicherlich töten, wenn ich in seine Nähe käme, aber ich könnte keine persönliche Feindschaft empfinden«, meinte Orwell in einer im März 1940 veröffentlichten Rezension von Hitlers *Mein Kampf*. In dieser Rezension wies Orwell darauf hin, dass Hitlers Aufstieg auf eine »große Bewegung« der Unterstützung durch das deutsche Volk zurückging, das sich von seiner Persönlichkeit angezogen fühlte. Er wies auch darauf hin, dass die Nazis von deutschen Großindustriellen »finanziert worden waren«. In anderen Schriften dieser Zeit kritisiert er die Darstellung Deutschlands als einen Ort, an dem die Menschen gegen die unerträgliche Tyrannei der Nazis zu kämpfen scheinen, während es in Wirklichkeit »immer offensichtlicher wird, dass die Masse des deutschen Volks Hitler akzeptiert«. Dies sind wichtige Beobachtungen: Weder die gewöhnlichen Deutschen noch das Großkapital können von den Folgen von Hitlers mörderischer Politik freigesprochen werden.

Im Gegensatz zu vielen anderen Kommentatoren weigerte sich Orwell, Hitler als einen einsamen Demagogen zu sehen: Das faschistische Deutschland und die Schrecken des Kriegs gingen, wie er zu Recht betonte, nicht auf das Konto eines einzelnen Tyrannen.

Wenn Orwell 1940 über Hitler schreibt, erwähnt er nur kurz den »Naziterror« und die Folterungen von Dissidenten und Juden durch die Gestapo, er geht aber nicht auf die anhaltende und systematische Verfolgung der jüdischen Menschen ein. Die Nürnberger Gesetze, die Novemberpogrome und die massenhafte Deportation der jüdischen Bevölkerung, die alle bekannt waren und über die die Zeitungen zu jener Zeit ausführlich berichteten, werden in Orwells eigenen Schriften nicht erwähnt.

In den Jahren 1942 und 1943, als er bei der BBC arbeitete, schrieb Orwell ausführlicher über das Ausmaß der Nazigräueltaten. Er informierte die BBC-Hörerschaft in Asien über das »systematische Massaker an den Juden im deutsch besetzten Polen«. Weit über eine Million Menschen seien in einem von Heinrich Himmler, dem Chef der Gestapo, verkündeten und von Hitler unterstützten Liquidationsprogramm abgeschlachtet worden, berichtete Orwell. Diese »kaltblütigen Massaker« stellten »den größten Horror« dar, und die Naziführer müssten nach Kriegsende bestraft werden. Orwell ist sich zu diesem Zeitpunkt der Tatsache bewusst, dass Jüdinnen und Juden in ganz Europa zusammengetrieben und von der deutschen Vernichtungsmaschinerie erfasst werden.

Als Orwell im Februar 1945 nach Paris aufbrach, um seine Arbeit als Kriegsberichterstatter aufzunehmen, wusste er daher, dass das, was der jüdischen Bevölkerung widerfuhr, den schrecklichsten Verbrechen der Nazis gleichkam. Er kannte nicht das ganze Ausmaß des Holocausts. Der größte Teil der systematischen Ermordung von sechs Millionen Jüdinnen und Juden, etwa zwei Drittel der jüdischen Bevölkerung Europas, fand in den Vernichtungslagern im besetzten Polen statt. Auf seinen Recherchereisen nach Deutschland war er weder in der Nähe dieser noch anderer Vernichtungslager. Trotz seines generellen Wissens um Naziverbrechen hat er in keinem seiner Kriegsberichte für die beiden britischen Zeitungen, für die er schrieb, die Morde, die Gaskammern und den völkermörderischen Antisemitismus der Nazis auch nur am Rande erwähnt.

Breiterer Kontext

Bei der gerechtfertigten Kritik an Orwells Auslassen dieser Verbrechen gegen die Menschlichkeit während seiner Zeit als Reporter in Deutschland sind jedoch zwei wichtige Punkte zu beachten: Der erste bezieht sich auf den Kontext der Nachrichten über die Vernichtungslager der Nazis. Der zweite Punkt betrifft andere Schriften, die Orwell während seiner Arbeit als Kriegsreporter verfasste.

Am 27. Januar 1945 befreiten sowjetische Truppen Auschwitz, das größte der deutschen Vernichtungslager. In den britischen Medien erschienen im Januar und Februar 1945 jedoch kaum zuverlässige oder detaillierte Informationen über Auschwitz oder andere Konzentrationslager. Erst nach der Befreiung weiterer Vernichtungslager im April – Buchenwald am 11., Sachsenhausen am 22. und Dachau am 29. April – begannen die alliierten Medien, mehr Nachrichten und eine Flut grausamer Bilder von den Verbrechen der Nazis zu veröffentlichen.

In der Ausgabe von *The Observer* vom 22. April, in der Orwells Nürnberg-Bericht erschien, wurde auf der Titelseite über den Besuch einer britischen Parlamentsdelegation in der »Todeskammer« des Konzentrationslagers Buchenwald berichtet. Ein zweiter Bericht auf derselben Seite trug die Überschrift »S. S. Regimeterror im Lager Belsen«. Diese Artikel sind die ersten des *Observer*, die »die unzähligen Geschichten von Folter, Verbrennung bei lebendigem Leibe und verhungerten Menschen« enthüllen, die in deutschen Konzentrationslagern stattfanden. Erst ab diesem Zeitpunkt, April 1945, begannen die Zeitungen in aller Welt, über Grausamkeiten und Schrecken zu berichten, die jede andere zuvor erzählte Gräuelgeschichte übertrafen.

Doch selbst in diesen ersten Berichten, die die Kriegsverbrechen der Nazis aufdecken und eindeutig belegen, werden die Jüdinnen und Juden als Hauptopfer nicht erwähnt. Zu diesem Zeitpunkt waren weder die Reporter vor Ort in Deutschland noch die Redakteure und Analysten in England in der Lage, ein umfassenderes Bild zu zeichnen, das die schrecklichen Entdeckungen in den Lagern mit der Strategie der Nazis zur Ausrottung der jüdischen Bevölkerung in ganz Europa verband. Historiker weisen darauf hin, dass das Ausmaß und die Unmittelbarkeit der Katastrophe kaum zu fassen oder einzuordnen waren. Der Holocaust war für die Öffentlichkeit und auch für Orwell als Kriegsberichterstatter zu der Zeit nicht erkennbar oder noch nicht bekannt.

Während seines Aufenthalts auf dem Kontinent schrieb Orwell auch einige Essays, die entweder nach oder während seiner Berichterstattungszeit veröffentlicht wurden. Einer dieser Aufsätze trug den Titel »Antisemitismus in Großbritannien«; er wurde speziell für eine jüdische Leserschaft geschrieben und in der Zeitschrift *Contemporary Jewish Record* veröffentlicht. In diesem Essay beschreibt und verurteilt Orwell Formen des antisemitischen Denkens in Großbritannien. Solche »irrationalen« Vorurteile seien jedoch »tief verwurzelt« in der britischen Gesellschaft. Man könne ihnen nicht durch den Rückgriff auf begründete Argumente oder durch die Verwendung von »Fakten und Statistiken« begegnen, sondern indem man darüber nachdenke, wo solche Vorurteile »im eigenen Kopf oder im Kopf anderer«

zu finden seien. Wie der Orwell-Forscher John Newsinger hervorgehoben hat, deutet diese Aussage darauf hin, dass Orwell wusste, dass er selbst nicht immun gegen antisemitische Sentiments war.

Orwell schrieb noch mindestens einen weiteren wichtigen Essay im Mai 1945: Die »Notizen zum Nationalismus«. Sie behandeln auch das Thema Antisemitismus und wurden schließlich im Oktober 1945 in *Polemic* veröffentlicht. Er verurteilt die Verfolgung der Jüdinnen und Juden durch die Nazis ebenso wie die englischen Intellektuellen, die es geschafft haben, »nichts von der Existenz von Dachau und Buchenwald zu erfahren«. Orwell verweist in diesem Essay auch auf »die deutschen Gasöfen in Polen«. Diese Kommentare zeigen, dass er sich der Gräueltaten der Nazis, die sich speziell gegen die jüdische Bevölkerung in Europa richteten, am Ende des Kriegs bewusst war. Wenngleich Orwell in seinen Zeitungsartikeln nicht in nennenswerter Weise auf die deutsche Judenverfolgung einging, so tat er dies doch zumindest in anderen Schriften jener Zeit.

Dennoch hat Kristin Bluemel darauf hingewiesen, dass Orwell in »Notizen zum Nationalismus« sowie in anderen Essays, die er vor und nach dem Kriegsende geschrieben hat, die Verbrechen der Nazis an den Jüdinnen und Juden oft beschönigt hat, im Gegensatz zu anderen großen Ungerechtigkeiten des 20. Jahrhunderts, wie unter Stalins langer Schreckensherrschaft und dem britischen Imperialismus in Indien.

In seinen 1982 veröffentlichten Memoiren über seine Freundschaft mit Orwell erklärte der deutschstämmige jüdische Autor Tosco Fyvel: »Ich konnte Orwell immer zustimmen, was die Ungerechtigkeit der britischen Herrschaft in Indien und die Ungerechtigkeiten unter Stalins Kommunismus betraf, aber wenn ich über das jüdische Schicksal in Europa sprach, fand ich ihn seltsam distanziert.«

Der Herausgeber eines neueren (2022) Buchs über Orwells Schriften zu Juden und Antisemitismus, Paul Seeliger, stellt fest, dass es heute schwer nachvollziehbar sei, wie wenig die Verbrechen der Deutschen an den Jüdinnen und Juden Europas damals in der öffentlichen Diskussion eine Rolle spielten. »Die Erleichterung darüber, dass der Krieg vorbei war, verlagerte vermutlich den Fokus auf die Bewältigung der unmittelbaren Zukunft mit ihren neuen Konflikten.« Seeliger fügt hinzu:

> Angesichts der nach wie vor bestehenden Bedeutung Orwells als politischer Schriftsteller, der von Progressiven und Konservativen gleichermaßen respektiert wurde, war und ist sein Verhältnis zum Antisemitismus und zu jüdischen Fragen ein Gegenstand jahrzehntelanger Diskussionen, die sich am besten als ambivalent beschreiben lassen.

John Newsinger vertritt die Ansicht, Orwell habe zwar die Fakten von Hitlers Vernichtungsregime gekannt, aber weder das Ausmaß noch die Bedeutung dieses Verbrechens je ganz verstanden.

In der Tat wusste Orwell mehr über den sowjetischen kommunistischen Terror und hatte es sich zur Aufgabe gemacht, über die mörderischen Säuberungen, das systematische Aushungern und die unter Stalin eingerichteten Gulags zu lesen und zu schreiben. Orwell, ein entschiedener Antifaschist, verurteilte den von den Nazis verübten Massenmord an den europäischen Jüdinnen und Juden, aber er setzte sich in seinem politischen Journalismus nie detailliert mit diesem Thema auseinander.

Obwohl Orwell als einer der bedeutenden politischen Analytiker des 20. Jahrhunderts gepriesen wird, der in seiner über zwanzig Jahre währenden Schaffenszeit Imperialismus, Totalitarismus und Unterdrückung beschrieben und verurteilt hat, äußerte er sich kaum zum größten Verbrechen dieser Zeit.

IX Orwells Deutschland und 1984

Orwells Arbeit in Deutschland und ihr möglicher Einfluss auf *1984* wurde bisher fast gar nicht in Betracht gezogen. Wie die Untersuchung seiner Kriegsberichte jedoch zeigt, finden sich in diesen Texten zahlreiche Beispiele für Orwells scharfe Beobachtungsgabe und seine vorausschauende politische Analyse. Seine Erlebnisse und Begegnungen als Kriegsreporter in Paris, Deutschland und Österreich prägten seinen letzten Roman *1984*, wie ich nun zeigen werde.

Damit soll nicht behauptet werden, dass Orwells Deutschland-Erfahrungen den Roman am stärksten beeinflussten. Aber worauf ich hinauswill, ist Folgendes: Die Figur des kultivierten Parteioffiziers O'Brien, die Aspekte des düsteren Schauplatzes von *1984* und die Beschreibung einer antagonistisch geteilten Welt sind Elemente des Romans, die sich deutlich auf Orwells Zeit im kriegsgebeutelten Deutschland zurückführen lassen.

Der Roman ist gewiss keine leichte oder entspannende Lektüre. Entgegen der landläufigen Meinung gibt es darin aber durchaus Momente der Hoffnung, auch wenn solche Hoffnungen vergeblich und verloren erscheinen mögen bei der Verzweiflung und Trostlosigkeit, die die fiktive Welt von Orwells Fantasie durchdringen.

Dennoch mutet die Darstellung in *1984* realistisch an, denn im Gegensatz zu vielen dystopischen Romanen, die in einer fernen, unbekannten Zukunft spielen, basiert *1984* weitgehend auf Ereignissen, die bereits stattfanden oder in nicht allzu ferner Zukunft möglich zu sein schienen. Orwell schrieb diese Geschichte nicht als Prophezeiung oder als Projektion eines zukünftigen Zustands der Welt, sondern als eine Warnung an die Menschheit: »Ich glaube nicht, dass die Art von Gesellschaft, die ich beschreibe, notwendigerweise eintreffen wird«, führt er einem Leser gegenüber aus, »aber ich glaube […], dass etwas, das ihr ähnelt, eintreffen könnte […] und das im Kommunismus und im Faschismus bereits teilweise realisierbar war.«

Winstons Welt

> Es war ein strahlend kalter Apriltag, und die Uhren schlugen dreizehn. Winston Smith, das Kinn an die Brust gepresst, um dem scheußlichen Wind zu entgehen, schlüpfte schnell durch die Glastüren von Victory Mansions, aber nicht schnell genug, um zu verhindern, dass ein Wirbel aus grobem Staub mit ihm hineinflog.

So lauten die ersten beiden Sätze von Orwells *1984*. Schon mit dem ersten Satz werden wir in eine Welt der Vorahnung und des Militarismus gestoßen. Der April läutet normalerweise den Frühling ein, aber hier wird er als kalt und steril dargestellt. Das Oxymoron »strahlend kalter« deutet auf die Widersprüche zwischen Schein und Wirklichkeit, zwischen Worten und ihrer wahren oder aufgezwungenen Bedeutung hin, die sich durch die ganze Geschichte ziehen werden.

Die Uhren, die »dreizehn« schlugen, enthüllen die Welt als dystopischen militarisierten Raum (da man im Englischen meist nur in militärischen Zusammenhängen von »13 Uhr« spricht).

Wir lernen auch den Protagonisten kennen, Winston Smith, in seinem ersten Kampf gegen die Elemente. Sein Kinn ist »an die Brust gepresst«, was darauf hindeutet, dass er Unbehagen verspürt und sich körperlich wappnet, um die Kälte abzuwehren. Das Vorhandensein eines »scheußlichen Windes« bedeutet nicht so sehr Kälte, sondern eine grausame, unterdrückende Atmosphäre, eine Außenwelt, der Winston zu entkommen versucht. Er schlüpft schnell in das Gebäude hinein, um der Außenwelt zu entkommen.

Auch hier ist es nicht unbedingt der Wind, den Winston von seinem Haus fernhalten will, sondern der herbeigetragene »grobe Staub«: Es ist der Dreck der Außenwelt, der in die vermeintliche Privatsphäre des Inneren eindringt. Bemerkenswerterweise sind die Türen der militärisch anmutenden »Victory Mansions« aus Glas: In jedem Fall ist die Außenwelt in der Lage, diese privaten Räume zu überwachen. Ein öffentlicher Autoritarismus versucht, in die Privatsphäre einzudringen.

So deutet der erste Absatz von *1984* den Zusammenstoß zwischen dem Öffentlichen und dem Privaten an, die Beseitigung der Privatsphäre durch das Eindringen eines autoritären Staats in alle Lebensbereiche, die zu einem zentralen Bestandteil von Orwells dystopischer Erzählung wird.

Winston entpuppt sich als ein höchst erfolgloser Rebell. Er lebt in London, in einem Land, das jetzt einfach als *Airstrip One* bekannt ist, in einer Zone der Welt namens Ozeanien. Dieses Land befindet sich ständig im Krieg mit einer der beiden anderen militarisierten Zonen. An diesem bedrückenden Ort, den Orwell fünfunddreißig Jahre in die Zukunft projiziert, kontrolliert ein autoritäres Regime unter der Führung von »Big Brother« alle Handlungen seiner Bürgerinnen und Bürger.

Das Regime nutzt die neuesten Technologien, um alle auszuspionieren, am Arbeitsplatz, zu Hause und sogar in der Freizeit. Es versucht auch, das Denken und das Gedächtnis zu kontrollieren, indem es die Sprache manipuliert, um die Vergangenheit (die tradierte Geschichte) auszulöschen und die Individualität (private Meinungen und Ideen) zu eliminieren.

Winston ist ein Regierungsbeamter im mittleren Dienst, der im *Ministry of Truth* (Ministerium der Wahrheit) arbeitet, wo er Zeitungen für das Regime fälscht. Er lernt Julia kennen, eine andere Beamtin, die wie Winston insgeheim rebellische Gedanken hegt. Sie beginnen eine Affäre, eine trotzige Handlung, die geheim bleiben muss, denn private Gedanken, intime Gespräche und sogar Liebe sind vom Regime verboten.

Winston und Julia werden schließlich gefasst und gefoltert (im sogenannten *Ministry of Love*), aber nicht getötet. Der Handlanger des Regimes, O'Brien, will Winston nicht beseitigen, sondern seinen Willen brechen. Im gefürchteten Raum 101, in dem jeder Rebell mit seiner größten Angst konfrontiert wird, arbeitet O'Brien daran, Winston davon zu überzeugen, dass alles, was das Regime behauptet, wahr ist, auch wenn das bedeutet, dass $2 + 2 = 5$ gilt. Am Ende ist Winston besiegt. Er wird einer Gehirnwäsche unterzogen und kapituliert: »Er liebte den Großen Bruder.«

Mit seiner plastischen Beschreibung von Propaganda, Überwachung und staatlich geförderter Gewalt, die alle dazu dienen, die Bevölkerung zu kontrollieren und zu

Filmstill aus *1984* (Regie Michael Radford), mit John Hurt als Winston Smith. © akg images

unterdrücken, ist *1984* eine der furchterregendsten und realistischsten Darstellungen des Totalitarismus der Weltliteratur. Das Modell für den dystopischen Roman schlechthin. Die Geschichte ist im London der 1980er-Jahre angesiedelt, doch Orwells Auseinandersetzung mit dem Machtmonopol, der Gedankenkontrolle, der Unterdrückung der freien Meinungsäußerung und der Manipulation der Sprache verleiht *1984* eine zeitlose Qualität. Das heißt, die Geschichte schildert ein autoritäres Regime, das potenziell überall und zu jeder Zeit existieren könnte. Dies mag mit ein Grund für die universelle Anziehungskraft des Romans sein, für seine Langlebigkeit als Pflichtlektüre in Schulen und für die leichte Anwendbarkeit seiner Ideen und Konzepte auf das alltägliche politische Leben – sogar bis in die heutige Zeit.

Einfluss und Entstehung

Orwell griff bei der Gestaltung seiner fiktiven Welt auf Erfahrungen und Ereignisse aus dem wirklichen Leben zurück. Die Initialzündung für *1984* war die Konferenz von Teheran, ein großes politisches Ereignis Ende 1943, als sich die drei wichtigsten Führer der alliierten Streitkräfte, US-Präsident Roosevelt, der sowjetische Staatschef Stalin und der britische Premierminister Churchill in Teheran trafen. Sie berieten darüber, wie eine Nachkriegswelt organisiert werden könnte. Die »Großen Drei«, wie die alliierten Führer genannt wurden, zogen in Erwägung, die Welt unter sich in Einflusszonen aufzuteilen.

»Ich dachte zum ersten Mal 1943 an [den Roman]«, erzählte Orwell später seinen Verlegern. Was *1984* bewirken solle, erklärte Orwell, sei, »die Implikationen der Aufteilung der Welt in ›Einflusszonen‹ darzustellen […] und darüber hinaus durch deren Parodie die intellektuellen Implikationen des Totalitarismus aufzuzeigen.« Natürlich lieferten andere historische Ereignisse sowie Bücher, die Orwell gelesen hatte, insbesondere Jewgeni Samjatins *Wir* (1924) und Arthur Koestlers *Sonnenfinsternis* (1940), weitere Inspiration für *1984*.

Undatierte Einträge in einem Notizbuch aus der Kriegszeit zeigen, dass Orwell Anfang 1944 bereits eine grobe dreiteilige Struktur und Schlüsselideen für den Roman hatte. Einige dieser Ideen – Newspeak, Two Minutes Hate, die Slogans »War is Peace, Ignorance is Strength, Freedom is Slavery« – könnten schon vor 1944 entstanden sein.

Die eigentliche Arbeit an *1984* begann jedoch nach dem Ende des Zweiten Weltkriegs, und Orwell brauchte vergleichsweise lange, um den Roman fertigzustellen. Während er für alle seine früheren Bücher höchstens ein Jahr benötigt hatte, schrieb er an *1984* mehrere Jahre, bevor es im Juni 1949 veröffentlicht wurde, nur wenige Monate vor seinem Tod im Januar 1950. Wann also begann Orwell mit dem Schreiben seines Meisterwerks?

Am 3. Juli 1945, nur wenige Wochen nach seiner Rückkehr, schrieb Orwell aus London an einen Freund: »Ich habe vor Kurzem einen Roman begonnen.« Er erwähnt jedoch nichts Konkretes. Jahrzehntelang nach seinem Tod wurde dieser eher vage Hinweis weitgehend ignoriert. Stattdessen glaubte man bis in die 1990er-Jahre, Orwell habe erst ein Jahr später, im Sommer 1946, mit dem Schreiben von *1984* begonnen. Diese Behauptung stützte sich auf einen Brief vom Dezember 1946, in dem er erwähnte, er habe »nur etwa 50 Seiten« eines neuen Romans fertiggestellt »und Gott weiß, wann er fertig sein wird«.

Erst im Jahr 1998 enthüllte eine Notiz von Orwells Verleger Fred Warburg in Band 17 der *Complete Works* von George Orwell Neues über die Anfänge des Romans. Orwell kehrte spätestens am 24. Mai 1945 von seiner Reise als Kriegsberichterstatter zurück nach London. Am 19. und am 25. Juni 1945 trafen sich Warburg und Orwell zu einem gemeinsamen Mittagsessen. Danach schrieb Warburg eine »Notiz über George Orwell«, um die vertraglichen Vereinbarungen für künftige Bücher zu bestätigen, und er fügte den wichtigen Satz hinzu:

> George Orwell hat die ersten zwölf Seiten seines neuen Romans geschrieben, weiß aber natürlich nicht, wann er fertig sein wird.

Diese Information verändert unser Verständnis über das Entstehen von *1984*, insbesondere auch darüber, was Orwell beeinflusst haben könnte, als er sich ans Schreiben machte. Es steht damit fest, dass eine von Orwells ersten Taten nach seiner Rückkehr nach England darin bestand, den Anfang von *1984* zu verfassen.

Mit den Erfahrungen des Kriegs noch frisch im Gedächtnis begann Orwell mit der Arbeit an dem, was sein berühmtestes Buch werden sollte. Deutschland war vielleicht nicht der Auslöser für *1984*, doch Orwells Erfahrungen hier müssen bei der Betrachtung möglicher Einflüsse auf diesen Roman stärker berücksichtigt werden als bisher. Dabei geht es um drei Aspekte von *1984*, die auf Orwells Zeit in Deutschland zurückzuführen sind.

1. Der kultivierte O'Brien

Das Äußere des obersten Führers in *1984*, der einfach Big Brother genannt wird, Großer Bruder, wird beschrieben als »schwarzhaarig, mit schwarzem Schnurrbart, [und] voller Macht und geheimnisvoller Ruhe«. In vielerlei Hinsicht scheint der Große Bruder eine Art Mischung aus Hitler und Stalin zu sein. Orwell sah beide Führer als ähnlich diktatorisch an, aber es war Stalins kommunistische Herrschaft, die ihn am meisten entsetzte, und nach dem Zweiten Weltkrieg, als er *1984* schrieb, stufte er Stalin als die größte Bedrohung für den Weltfrieden ein. In den filmischen Darstellungen von *1984* ähnelt der Große Bruder eher Stalin.

Bei O'Brien haben wir es im Roman mit einer handelnden Figur zu tun im Gegensatz zum Großen Bruder, der möglicherweise gar nicht existiert. O'Brien ist ein hochrangiges Mitglied des Inneren Kreises der Partei, die Ozeanien regiert. Er ist Winstons Hauptgegner, dem er vorgaukelt, er sei Teil des Widerstands, wird aber schließlich zu Winstons Peiniger.

Zu der Zeit, als Orwell *1984* schrieb, kamen viele Faktoren zusammen, die es ihm ermöglichten, seine Protagonisten zu schaffen. Was von seinen deutschen Erfahrungen in die Gestaltung der wichtigen Figur des O'Brien einfloss, ist jedoch kaum berücksichtigt worden. Tatsächlich könnte man O'Brien als eine Mischung aus verschiedenen Deutschen oder aus den Merkmalen von Menschen lesen, die Orwell auf seinen Kriegsberichterstattungsreisen getroffen und beobachtet hat.

In dem Roman erscheint O'Brien als eine Art Paradoxon. Er ist eine viel verehrte, aber auch gefürchtete Figur. Er wird zunächst als »großer, stämmiger Mann mit einem dicken Hals und einem groben, humorvollen, brutalen Gesicht« vorgestellt. Und weiter: »Trotz seiner furchterregenden Erscheinung hatte er einen gewissen Charme.« Er ist ein geheimnisvoller Mann, der gefährlich und bedrohlich, aber gleichzeitig auch charmant wirkt: »Er hatte einen Trick, seine Brille auf die Nase zu setzen, der seltsam entwaffnend war – auf eine undefinierbare Weise seltsam zivilisiert.« Winston ist besonders fasziniert »vom Kontrast zwischen O'Briens weltmännischem Auftreten und seinem Boxer-Körperbau.«

Später beschreibt Winston den »Anblick von [O'Briens] schwerem, faltigem Gesicht, so hässlich und so intelligent«. Winston wird von O'Brien gefoltert, aber O'Brien bleibt immer ruhig, fast emotionslos im Umgang mit seinem Opfer: »Wenn [O'Brien] sprach, war seine Stimme sanft und geduldig. Er hatte die Ausstrahlung eines Arztes, eines Lehrers, sogar eines Priesters, der eher darauf bedacht war, zu erklären und zu überzeugen, als zu bestrafen.«

Wie bereits erwähnt, griff Orwell bei der Erschaffung von O'Brien zweifellos auf eine Reihe von Ideen und Quellen zurück. In diese Mischung von Einflüssen gehört jedoch unbedingt die Figur jenes unnahbaren, undurchschaubaren Nazifolterers, der das wahrscheinlichste Modell für den fiktiven O'Brien darstellt.

Orwell berichtete nicht von Begegnungen mit berüchtigten Nazis während seines Aufenthalts in Deutschland. Aber bei den Deutschen, die er beobachtete, nahm er eine kultivierte Distanziertheit gegenüber dem Schmerz und dem Leid wahr, das sie anderen zugefügt oder als Bürgerinnen und Bürger des NS-Staats unterstützt hatten. In Köln berichtete er über das *Herrenvolk*, das »in keiner Weise außergewöhnlich« wirkte. Die meisten Menschen, die er auf den Straßen traf, schienen »distanziert und möglicherweise leicht feindselig« zu sein und einen Hauch von »geschlagenem Trotz« auszustrahlen. Auch die Dorfbewohner, die er in den ländlichen Gebieten Bayerns sah, empfand er als distanziert, zurückhaltend und sogar »gleichgültig« gegenüber dem Krieg, der immer noch um sie herum stattfand. Gewiss, selbst wenn die gewöhnlichen Deutschen, die Orwell in seinen Berichten beschreibt, keine Vorbilder für O'Briens Charakter sind, so steckt doch etwas von der gemessenen Gelassenheit und Unergründlichkeit in ihnen, die wir bei O'Brien finden.

Erst als Orwell von der Begegnung mit zwei SS-Offizieren berichtet, die in einem Lager in Süddeutschland in Kriegsgefangenschaft geraten waren, werden die Ähnlichkeiten mit O'Briens Charakter deutlicher. Orwell deutet eine leichte Enttäuschung darüber an, dass er es nicht vermocht hatte, der deutschen Nazielite mit ihrem angsteinflößenden Fanatismus zu begegnen.

Der erste Offizier wird als ein schäbiges und »widerliches Exemplar« beschrieben. Aber er sah »nicht brutal oder in irgendeiner Weise beängstigend aus: lediglich neurotisch und auf eine niedrige Art intellektuell. Seine blassen, verschlagenen Augen waren durch eine starke Brille deformiert.« Interessanterweise sagt Orwell über diesen Offizier weiter: »Er hätte ein ungeweihter Priester sein können, ein vom Alkohol ruinierter Schauspieler oder ein spiritistisches Medium.« Der zweite SS-Offizier erscheint als »großer, muskulöser Mann«, dem befohlen wird, sich bis zur Taille auszuziehen, um eine »Blutgruppennummer, die auf seinen Unterarm tätowiert ist, zu enthüllen«.

All dies verweist auf die Paradoxien, die der Figur des O'Brien innewohnen. Da ist einerseits der »große, stämmige Mann«, bedrohlich wie ein Boxer, andererseits der Brillenträger mit dem intelligenten, »weltmännischen« Blick von jemandem, der als »Priester« durchgehen könnte. Das »widerliche Exemplar« eines SS-Offiziers spiegelt sich möglicherweise in dem »hässliche« Aussehen von O'Brien. In den »blassen, verschlagenen Augen« des einen Offiziers und der geheimen, versteckten Tätowierung des anderen kann man Ähnlichkeiten mit einem hinterlistigen O'Brien sehen, der seine Loyalität gegenüber dem Regime unter dem Deckmantel einer entwaffnenden Freundschaft mit Winston verbirgt.

Im Kriegsgefangenenlager in Deutschland fühlt sich Orwell bei seiner Begegnung mit einem SS-Offizier selbst entwaffnet. Er stellt fest: »So schrumpfte der Nazifolterer der eigenen Fantasie, […] zu diesem bedauernswerten Unglücksraben zusammen.« Orwell assoziiert diese Offiziere eindeutig mit Folter. Wir sehen wieder Parallelen zu dem hohen Parteifunktionär O'Brien, der Folter gegen Winston und andere einsetzt. Hinzu kommt, dass die Uniformen der höheren SS-Offiziere nicht braun oder blau, sondern schwarz waren. Auch O'Brien wird durch die Farbe seines Overalls als zum privilegierten inneren Kreis der Partei gehörend gekennzeichnet: Er ist nicht blau, wie der von Winston und Julia, sondern schwarz.

Wenn Orwell erwartet hatte, in Deutschland auf übereifrige Hitleranhänger zu treffen, auf grinsende, grimmige, finster dreinblickende Monster in SS-Uniformen, die irgendeinem Naziklischee entsprachen, so sollte er enttäuscht werden. Aber die »Nazifolterer«, denen er im April oder Mai 1945 in einem Lager in Süddeutschland begegnete, lieferten ihm schließlich in der Romanfigur O'Brien einen nuancierten und glaubwürdigen fiktiven Antagonisten.

2. Der dystopische Zustand

In einem Essay, den er nach dem Ende seiner Tätigkeit als Kriegskorrespondent für ein kleines US-Magazin schrieb, die *Partisan Review*, berichtet Orwell von einer düsteren Zukunft für Deutschland und Europa und stützt sich dabei direkt auf seine Erfahrungen in Deutschland:

> Deutschland, das bereits in einem Ausmaß verwüstet ist, das man sich hierzulande nicht vorstellen kann, soll noch effizienter ausgeplündert werden als nach Versailles. […] Überall herrscht unbeschreibliche Verwirrung, Zerstörung von Häusern, Brücken, Eisenbahnschienen, Überflutung von Kohlegruben, Knappheit an jeglichem Bedarf, Mangel an Transportmitteln, um die vorhandenen Güter zu verteilen.

Dies ist die Beschreibung einer Gesellschaft im Chaos, eines Zusammenbruchs der materiellen und sozialen Infrastruktur. Es ist ein geradezu dystopisches Bild der Gegenwart und der Zukunftsaussichten Deutschlands. Und vor allem ist es ein

Bild der realen Welt, das Orwell nach England mitbringt, als er seine Berichterstattung im Mai 1945 beendet.

Genau diese Art von dystopischer Atmosphäre durchdringt *1984*. Die baufälligen Gebäude, die mit Schutt übersäten Straßen, die verwüstete, farblose Landschaft, die verfallene Infrastruktur, die Lebensmittelknappheit, die Kriegsmüdigkeit der Bevölkerung: Das ist die Welt von Orwells *1984*, die derjenigen, die er gerade in Deutschland erlebt hat, sehr ähnelt.

Zugegeben, *1984* spielt in London. Die meisten Literaturwissenschaftler:innen führen den Schauplatz von Orwells letztem Roman auf das London zurück, das Orwell im »Blitz« erlebt hatte. Während der achtmonatigen Bombardierung von Städten in Großbritannien durch die deutsche Luftwaffe in den Jahren 1940 bis 1941 waren Tausende von Menschen umgekommen, zahlreiche Gebäude zerstört worden, vor allem in den Docks im Londoner East End. Zweifellos flossen Orwells Erinnerungen daran in die Bilder ein, die er für *1984* von London schuf, insbesondere in den Szenen, in denen Bomben vom Himmel fallen. Aber was ist mit der Atmosphäre oder dem allgemeinen Aussehen des zerbombten Londons von *1984*? Und noch wichtiger: Was ist mit der Einstellung der Menschen, die in dieser Stadt der Zukunft leben?

Das London, das Orwell für seinen Roman entwirft, wird als »grimmig«, »dreckig« und »ruinös« beschrieben. Es ist voll von »verrottenden Häusern aus dem 19. Jahrhundert, deren Seiten mit Holzbalken abgestützt, deren Fenster mit Pappe geflickt sind und deren Dächer aus Wellblech bestehen, deren verrückte Gartenmauern in alle Richtungen zeigen«. Dieses fiktive London ist übersät mit »Bombentrichtern, wo der Gipsstaub in der Luft wirbelt und das

Weidenröschen über die Trümmerhaufen wuchert«. Es ist ein Ort, an dem »schmutzige Kolonien von Holzhäusern« errichtet wurden, »wo die Bomben Plätze dem Erdboden gleichgemacht haben«. In *1984* ist London eine Stadt, die sich in einem andauernden Zustand des Verfalls befindet, und das schon so lange, wie Winston sich erinnern kann.

Der Blitz hatte zwar große Teile Londons zerstört, aber die Stadt blieb nicht schmutzig, dunkel und schäbig. Die Menschen waren sehr stolz darauf, nach jedem Luftangriff die Schäden möglichst zu beheben. Die Luftangriffe verursachten Tod und Zerstörung, aber allen Berichten zufolge stärkten die Bombardierungen die Entschlossenheit der Bevölkerung, Hitlers Bedrohung zu widerstehen: »Diese Leute sind standhaft bis auf die Knochen und werden nicht aufgeben«, schrieb ein US-Beamter, der zu dieser Zeit in London lebte. »Die Bombenangriffe waren in London ziemlich heftig«, so ein anderer Beamter, »aber sie haben die Moral der Briten nicht beeinträchtigt.« Die Londoner bewegten sich nicht niedergeschlagen oder mit einem Gefühl der Resignation angesichts einer wohl drohenden Invasion, sondern zeigten Resilienz.

Die Beschreibung der Verhältnisse in London während des Kriegs steht in starkem Kontrast zum kriegsmüden und verwahrlosten Zustand der Bevölkerung in Orwells London von *1984*. Für Winston ist das »moderne Leben« nicht nur grausam und unsicher, sondern es zeichnet sich vor allem durch seine »Knappheit, seine Schäbigkeit, seine Lustlosigkeit aus [...]. Große Bereiche des Lebens [...] bestanden darin, sich durch öde Jobs zu quälen, um einen Platz in der U-Bahn zu erkämpfen, eine abgetragene Socke zu stopfen, eine zuckrige Tablette zu lutschen, einen Zigarettenstummel aufzusparen.«

Das Regime des Großen Bruders rühmte sich des technischen Fortschritts und des Fortschritts der Geschichte. Aber für Winston und seine Zeitgenossen

> waren die Realität verfallende, schmuddelige Städte, in denen unterernährte Menschen in undichten Schuhen hin und her schlurften, in notdürftig hergerichteten Häusern, [...] die immer nach Kohl und schlechten Toiletten rochen. [Winston] schien eine Vision von London zu sehen, riesig und ruinös, eine Stadt mit einer Million Mülltonnen und [...] verstopften Abflussrohren.

Der Gesamteindruck, der sich hier bietet, ist der eines Volks von erschöpften Menschen, die sich nach Jahren des Kriegs durch eine verfallende, heruntergekommene Stadt schleppen. Dies ist nicht das London, das dem Blitz ausgesetzt war. Vielmehr verweist das, was Orwell in *1984* an Bildern hervorruft, auf deutsche Städte, wie er sie in Kriegszeiten unmittelbar erlebt hatte.

Es erinnert an hunderttausend Menschen, die in den »Ruinen von Köln« leben, inmitten eines »Chaos aus gezackten Mauerteilen [...] und riesigen Schutthaufen«. Die Stadt hat »kein Leitungswasser, kein Gas, keine Verkehrsmittel«. Die ruinösen Stadträume von *1984* lassen an die »Bombenruine« eines »stark geplünderten« Stuttgarts denken und an die »Ruinenmassen« anderer deutscher Städte, die »dem Erdboden gleichgemacht« wurden. Man denke auch an das lustlose, unterwürfige »unappetitliche Erscheinungsbild« eines niedergeschlagenen und besiegten Volks, das Orwell während seines Aufenthalts in Deutschland antraf, an die distanziert unnahbare und »möglicherweise leicht feindselige« Art einer Bevölkerung, deren »gegenwärtige

Fügsamkeit […] der Tatsache geschuldet ist, dass sie kriegsmüde ist«.

Orwell kam in seiner Berichterstattung immer wieder zurück auf das gewaltige Ausmaß der »Verwüstung, die die alliierten Bombenangriffe« auf Deutschland angerichtet hatten. Er versuchte, den Leserinnen und Lesern »die schreckliche Zerstörungskraft des modernen Kriegs und die lange Periode der Verarmung, die jetzt die ganze Welt betrifft«, vor Augen zu führen. Es ist diese *longue durée* eines Kriegs ohne Ende, der in den Ruinen einer Stadt von Menschen erlebt wird, denen keine Zeit oder Atempause gewährt wurde, um sich zu erholen. Auf diese Beschreibung stützt sich der erfahrene Schriftsteller, um sein dystopisches London in *1984* zu schaffen.

3. Eine geteilte Welt

Die Welt des Romans ist in drei Superstaaten unterteilt: Ozeanien, Eurasien und Ostasien. Diese drei Staaten sind offenbar nach etwa zwanzig Jahren intensiver Kriegsführung zwischen den 1940er- und 1960er-Jahren entstanden. Jeder von ihnen ist zu einem totalitären Staat geworden. Sie bekriegen sich gegenseitig und befinden sich darüber hinaus in einem ständigen Kampf um die Kontrolle umstrittener Gebiete rund um den Äquator.

Wir wissen, dass Orwell seine Idee für dieses dreigliedrige System von Superstaaten auf das Treffen zwischen Roosevelt, Stalin und Churchill Ende 1943 in Teheran stützte: Sie versuchten, sich auf Einflusssphären im besiegten Deutschland zu einigen. Die fiktiven Staaten von *1984* umfassen ein weit größeres Territorium und bleiben für einen viel längeren Zeitraum umkämpft, als die »Großen Drei« von 1943 es sich wohl hätten vorstellen können.

Orwells fiktive Welt ist jedoch gar nicht so weit von den realen Möglichkeiten der territorialen Aufteilung und Kontrolle entfernt, die sich 1945 abzeichneten, als sich der Krieg dem Ende zuneigte und Orwell noch vom Kontinent berichtete. Während verschiedene Armeen – Briten, Franzosen, Amerikaner und Sowjets – um die Kontrolle über Deutschland kämpften, äußerte Orwell in seinen Berichten wiederholt die Besorgnis darüber, dass sich diese Armeen nicht für eine gemeinsame Sache einsetzten. Vielmehr kämpften sie anscheinend um den größten Anteil an den eroberten Gebieten, damit sie Deutschland und Europa anschließend unter sich aufteilen könnten.

Schon früh warnte Orwell in einem Schreiben aus Paris davor, den französischen Forderungen nach »Teilung Deutschlands, Demontage der deutschen Kriegsindustrie, hohen Reparationszahlungen, Zwangsarbeit und militärischer Besatzung über einen langen Zeitraum nachzugeben«. Was mit einem zukünftigen Deutschland und einem zukünftigen Europa nach Kriegsende geschehen würde, stand noch zur Debatte. Die futuristische Welt, die Orwell schließlich in *1984* entwirft und in der die Bevölkerung über einen langen Zeitraum hinweg militärisch regiert wird, war im Vorfeld des Kriegsendes durchaus vorstellbar.

Später, in seinem Bericht aus Stuttgart, äußerte Orwell seine Bestürzung darüber, dass jede siegreiche alliierte Armee in einer Stadt oder Region, die sie eingenommen hatte, nur ihre eigene Nationalflagge hisste, anstatt die Flaggen der einzelnen alliierten Nationen gemeinsam aufzuziehen. Diese Praxis vermittle den Menschen in Deutschland den Eindruck, dass »Russland, Frankreich und Anglo-Amerika einander mehr oder weniger feindlich gesinnt« seien.

Orwell warnte, es sei »gefährlich, diese Idee Wurzeln schlagen zu lassen«. Das Versäumnis, die Besatzungszonen im Voraus richtig festzulegen, hinterlasse den Eindruck, dass die Alliierten lediglich um Land stritten, damit sie Europa nach dem Krieg unter sich aufteilen könnten.

In einem späteren Bericht wiederholte Orwell seine Bedenken gegenüber der »verbreiteten Vorstellung [...], dass die UdSSR, Frankreich und Anglo-Amerika [Deutschland] nicht entlang vorher vereinbarter Linien besetzen, sondern dass jede [Nation] einfach so viel Territorium wie möglich an sich reißt«. Diese Arrangements, bei denen »jede Armee das von ihr besetzte Territorium mehr oder weniger unabhängig verwaltet, [...] bergen den Keim der Gefahr in sich«.

Was Orwell den »Keim der Gefahr« nannte, war die Aussicht auf ein zerstückeltes Deutschland, auf ein Europa, das im Kriegselend verharrt, und auf eine geteilte Welt entlang von Linien starrer Segregation. Auch dieses Szenario wurde in *1984* in eine fiktive Form gegossen.

In den beiden letzten Berichten vor seiner Rückkehr nach England schreibt Orwell erneut von der »Gefahr getrennter Besatzungszonen« und der »gemeinsamen Besetzung Deutschlands und Österreichs«, die sich zu einer dauerhaften Möglichkeit am Ende des Kriegs zu entwickeln scheine. Aus Österreich berichtet Orwell über die »willkürliche Aufteilung« der Länder in militärisch verwaltete Zonen: »Wenn die gegenwärtige starre Teilung fortgesetzt wird, muss sie den wirtschaftlichen Aufschwung dieser Länder zurückwerfen«, und die Idee für eine geteilte Herrschaft Europas werde zementiert.

Orwell ist vor allem darüber besorgt, was Stalin mit den Gebieten unter sowjetischer Kontrolle vorhat. Er weist auf den Mangel an Kontakten und an Kommunikation zwischen den Russen und den westlichen Alliierten hin und fordert die Regierungen der USA und Großbritanniens auf, »zu entscheiden, was sie mit den besiegten Ländern zu tun gedenken, und ihre Absichten klar darzulegen«.

Die Verwaltung des Nachkriegsfriedens und des Wiederaufbaus in Europa könne nur gelingen, so Orwell, wenn die Gebiete gemeinsam verwaltet würden, »und jeder Tag, an dem dies verzögert wird, macht die endgültige Lösung schwieriger«.

Orwell ist hier ein prophetischer Beobachter der Spaltung der Alliierten, die schließlich zu einem geteilten Europa und zum Kalten Krieg führen wird. Aber in diesem Moment sieht er auch die Möglichkeit, dass die vom Krieg verwüsteten Länder noch jahrzehntelang in einem Zustand des Elends und der Verwahrlosung verharren werden. In Orwells dystopischem Nachkriegsroman finden sich politische Zukunftsszenarien aus seiner Kriegsberichterstattung.

In seinem letzten Bericht aus Paris fordert Orwell erneut eine »schnelle und klare Erklärung der Politik« Großbritanniens und der Vereinigten Staaten, um »gewisse gefährliche Illusionen« zu zerstreuen, die sich aus der »Aufteilung [Deutschlands] in wasserdichte ›Zonen‹ ergeben«. Eine solche gefährliche Illusion, der entgegengewirkt werden müsse, sei die »verbreitete Vorstellung, dass die UdSSR und die Westmächte sich in naher Zukunft im Krieg befinden werden«. Diese Aussage erinnert besonders an *1984*: Machtblöcke von Nationen, die sich über das Ende des Zweiten Weltkriegs hinaus in einem permanenten Kriegszustand befinden.

Orwell brachte das Wissen um diese politischen Optionen aus Deutschland mit nach England und begann sofort mit der Niederschrift seines neuen Romans. Die Konferenz in Teheran hatte zwar die erste Idee für die Welt geliefert, die er in *1984* schuf, aber es ist wichtig, zu betonen, dass dies nur der Auslöser war. Orwells Erfahrungen in Deutschland boten einen realen Hintergrund für das dystopische Szenario in *1984*.

Ein zivilisiertes Land

Auf dem Höhepunkt des Londoner Blitz, nicht wissend, ob England kurz vor einer Invasion durch Nazideutschland stand oder nicht, schrieb Orwell ein kleines Buch, *The Lion and the Unicorn* (1941), mit einem seiner berühmtesten Eröffnungssätze: »Während ich schreibe, fliegen hochzivilisierte Menschen über mich hinweg und versuchen, mich zu töten.« Dieser Satz kann als Ausdruck von typisch englischem Stoizismus im Angesicht von Krisen gelesen werden.

Die »hochzivilisierten Menschen«, auf die sich Orwell bezog, waren natürlich die deutschen Bomberpiloten. Er erklärte in dem Buch weiter, dass sie keine Feindschaft gegen ihn hegten, und auch Orwell selbst empfand keine persönliche Abneigung gegen sie. Diese Piloten, die ihre Bomben auf englische Städte abwarfen, taten lediglich »ihre Pflicht, wie man so schön sagt«. Ironisch und aufmerksamkeitsheischend bezeichnet Orwell die Männer mit ihrer todbringenden Aufgabe als »hochzivilisiert«. Dies signalisiert, etwas subtiler, ein gewisses Maß an Respekt, den Orwell Deutschland und der deutschen Kultur zollt, obwohl Hitlerdeutschland den Zweiten Weltkrieg begonnen hat und nun Todfeind der Briten ist.

Orwell übt aber auch Kritik an der Idee des sogenannten zivilisierten Verhaltens und der Kultur. Den Begriff »zivilisiert« hätten die Briten oft auf sich selbst angewandt, um ihre imperiale Herrschaft zu rechtfertigen und durchzusetzen und um sich als fortschrittlicher und den »unzivilisierten« Massen in anderen Teilen der Welt überlegen darzustellen.

Orwell bezeichnete als »zivilisiert« insbesondere Deutschland und die deutsche Kultur. Der vielleicht düsterste Satz, den er während seiner Zeit als Kriegsberichterstatter schrieb, ist jener: »Wenn man durch die zerstörten Städte Deutschlands geht, spürt man einen echten Zweifel an der Kontinuität der Zivilisation.« Die »Zivilisation«, die im Herzen Europas existierte – oder einst existiert hatte –, schien ihm nicht nur gründlich, sondern irreparabel zerstört worden zu sein.

In diesem Moment, noch zutiefst betrübt über den kürzlichen Tod seiner Frau, zweifelte Orwell an den Aussichten auf eine gesellschaftliche Gesundung. Es war dieser Eindruck vom Ende der Zivilisation, der ihn nicht mehr losließ, als er nach England zurückkehrte, um *1984* zu schreiben.

In einem Brief, den er im Mai 1945 in Paris verfasste, beschrieb Orwell einem Freund die Zerstörung Deutschlands erneut als *»terrifying«* (furchterregend). Tatsächlich verwendet Orwell das Wort »Terror« am häufigsten, um das Leben der Figuren in *1984* zu beschreiben. Die Menschen erleben »ein Leben im Terror«, und Winston ist von »schwarzem Terror« erfüllt, mit dem er immer wieder konfrontiert wird. Er bewegt sich in »einer Welt des Terrors«.

Orwell musste sich nicht erst eine furchterregende, dystopische Welt ausmalen, um *1984* zu schreiben; er hatte zwar den totalitären NS-Staat in Deutschland nicht direkt erlebt, aber er war Augenzeuge der politischen Verwerfungen und Verheerungen des Kriegs geworden. All das floss in die Gestaltung der fiktiven Welt von *1984* mit ein.

Orwells weltberühmte Geschichte über eine düstere, bedrohliche Zukunft findet heute, mehr als fünfundsiebzig Jahre nach der Erstveröffentlichung, wieder Leserinnen und Leser zuhauf. *1984* wurde in mindestens fünfundsechzig Sprachen übersetzt; die Verkaufszahlen gehen in die zweistellige Millionenhöhe. Es ist möglicherweise der Roman mit dem größten Einfluss auf Sprache und politische Kultur.

Die Literaturwissenschaftlerin Valerie Meyers beschreibt Orwell als »zwanghaft autobiografischen Schriftsteller, der seine eigenen Emotionen erforschen wollte«. Als er schließlich Wege fand, seine politischen Ideen in fiktionaler Form auszudrücken, habe er mit *Farm der Tiere* und *1984* »zwei der kraftvollsten Werke des Jahrhunderts« geschaffen.

Angesichts der »zwanghaft autobiografischen« Züge in Orwells Werk, der Tatsache, dass er immer wieder auf unmittelbare persönliche Erfahrungen zurückgriff, um seine Prosawerke zu gestalten, ist es höchste Zeit, achtzig Jahre, nachdem er zum ersten Mal deutschen Boden betrat, Orwells Schriften und seine Erfahrungen in Deutschland als Kriegsberichterstatter neu zu lesen und zu überdenken. Dabei gewinnen wir nicht nur wichtige Einblicke in die deutsche Geschichte und die Weltlage am Ende des Zweiten Weltkriegs, sondern auch in die Denkweise, die Schreibpraxis und die Ästhetik eines der erfolgreichsten und bedeutendsten Schriftsteller der modernen Welt.

So erscheint auch *1984* noch einmal in einem neuen Licht, und wir erkennen deutlicher, wie bestimmte Aspekte von Orwells letztem Roman ganz unmittelbar auf den persönlichen Erfahrungen des Autors mit einer vom Krieg zerstörten, scheinbar irreparabel beschädigten Zivilisation in Deutschland beruhen.

Orwells Grabstein in Sutton Courtenay, Oxfordshire. © Geoff Rodoreda

Dank

Orwell selbst schrieb einmal, dass »das Schreiben eines Buches ein schrecklicher, anstrengender Kampf ist«. Wie wir gesehen haben, neigte er manchmal zu Übertreibungen und zu Pessimismus. Meine eigene Erfahrung beim Schreiben dieses Buches war zwar nicht schrecklich, aber anstrengend. Unterstützt wurde ich dabei von einer guten Lektorin, Marion Voigt, und einem netten Verleger, Matthias Grüb. Meine Frau, Asti Berner-Rodoreda, war die erste Leserin des Rohmanuskripts und verdient ein großes Lob dafür, mein Schriftdeutsch in eine viel bessere Form gebracht zu haben. Thanks, my love! (And to you too, Sophie and Ben.) Mein aufrichtiger Dank gilt auch Sibylle Baumbach, der Leiterin der Abteilung für Englische Literaturen und Kulturen an der Universität Stuttgart, wo ich arbeite. Sie ermöglichte mir eine Beurlaubung, damit ich die Arbeit an diesem Buch abschließen konnte, und sicherte mir großzügige Unterstützung für Forschungsreisen nach Paris und London zu. Dank an Rafa C. Siodor vom Orwell-Archiv am University College London: ein engagierter, zuvorkommender Fachmann. Die Württembergische Landesbibliothek in Stuttgart hat eine erstaunliche Sammlung von Schriften von und über Orwell, ohne die ich dieses Buch nicht hätte schreiben können. Dank auch an das Stadtarchiv Stuttgart, die Orwell Society, die British Library und die Orwell-Experten Nathan Waddell, D. J. Taylor und Darcy Moore, die sich die Zeit genommen haben, mir zu helfen. Ich danke meinen lieben Kolleg:innen, insbesondere Jessica Bundschuh, David Cross, Curtis Runstedler und Selina-Marie Leiendecker für ihre Unterstützung und für die vielen Stunden der Diskussion und des Gedankenaustauschs über Orwell und sein Werk. Schließlich möchte ich mich bei allen Studierenden der Universität Stuttgart bedanken, die im Lauf der Jahre meine Orwell-Kurse besucht haben. Ihr fortwährendes Interesse an seinem Werk und ihre wissenschaftliche Kritik daran inspirierten mich zu Arbeiten wie diesem Buch.

Literatur (Auswahl)

Übersetzungen sind, wenn nicht anders angegeben, von Geoff Rodoreda.

Bluemel, Kristin, »St. George and the Holocaust«, in: *Literature Interpretation Theory*, 14, 2003, S. 119–147.

Bowker, Gordon, *George Orwell*, Little Brown, 2003.

Crick, Bernard, *George Orwell: A Life*, Penguin, 1980.

Funder, Anna, *Wifedom: Mrs Orwell's Invisible Life*, Viking, 2023.

Fyvel, Tosco, *George Orwell: A Personal Memoir*, Hutchinson, 1982.

Gaulle, Charles de, *The War Memoirs of Charles de Gaulle*, Simon and Schuster, 2024.

Holmila, Antero, *Reporting the Holocaust in the British, Swedish and Finnish Press 1945–50*, Palgrave Macmillan, 2011.

Keeble, Richard, Hrsg., *George Orwell Now!* Peter Lang, 2015.

Keeble, Richard, »Orwell as War Correspondent: A Reassessment« *Journalism Studies*, 2.3, 2001, S. 393–406.

Lawlor, Ruth, »The Stuttgart Incident: Sexual Violence and the Uses of History« *Diplomatic History*, 46.1, 2022, S. 70–96.

Lynskey, Dorian, *The Ministry of Truth: A Biography of George Orwell's* 1984, Picador, 2019.

Mackay, Robert, *Half the Battle: Civilian Morale in Britain During the Second World War*, Manchester University Press, 2002.

Meyers, Jeffrey, *Orwell: Wintry Conscience of a Generation*, Norton, 2000.

Meyers, Valerie, *George Orwell*, Macmillan, 1991.

Moore, Darcy, *George Orwell Website*, www.darcymoore.net/

Newsinger, John, »Orwell, anti-Semitism and the Holocaust« *The Cambridge Companion to George Orwell*, Hrsg. Rodden, 2007, S. 112–125.

Orwell, George, *1984*, Übers. Lutz-W. Wolff, dtv, 2021.

Orwell, George, *The Complete Works of George Orwell*, Bd. 17, Hrsg. Peter Davison, Secker and Warburg, 1998.

Orwell, George, *Essays, Journalism and Letters*, Bd. 3, Hrsg. Sonia Orwell und Ian Angus, Nonpareil (1968), 2000.

Orwell, George, *Essays, Journalism and Letters*, Bd. 4, Hrsg. Sonia Orwell und Ian Angus, Nonpareil (1968), 2000.

Orwell, George, *On Jews and Antisemitism*, Hrsg. Paul Seeliger, Comino, 2022.

Orwell, George, *Reise durch Ruinen: Reportagen aus Deutschland und Österreich 1945*, Übers. Lutz-W. Wolff, Nachwort von Volker Ullrich, C. H. Beck, 2021.

Orwell, George, *Ruins*, mit einem Vorwort von Paul Seeliger und einer Einleitung von Stephen Kearney, Comino, 2021.

Orwell, George, *Warum ich schreibe: Die großen Essays*, Übers. Heike Holtsch, Anaconda, 2022.

Rodden, John, Hrsg., *The Cambridge Companion to George Orwell*, Cambridge University Press, 2007.

Shelden, Michael, *Orwell: The Authorised Biography*, Heinemann, 1991.

Solnit, Rebecca, »George Orwell in an Age of Moralists«, in: *The New Statesman*, 26.7.2023, www.newstatesman.com/culture/books/2023/07/george-orwell-moralists

Taylor, D. J., *On Nineteen Eighty-Four: A Biography*, Abrams Press, 2019.

Taylor, D. J., *Orwell: The New Life*, Constable, 2023.

Topp, Sylvia, *Eileen: The Making of George Orwell*, Unbound, 2020.

Koppenfels, Werner von, »Orwell und die Deutschen« *Deutsche Vierteljahrsschrift für Literaturwissenschaft und Geistesgeschichte*, 58, 1984, S. 658–678.

Waddell, Nathan, Hrsg., *The Cambridge Companion to George Orwell*, Cambridge University Press, 2020.

GEOFF RODOREDA, Jahrgang 1965, ist Australier und lebt seit 1996 in Stuttgart. Er studierte Politik und Journalismus in Australien und arbeitete dort beim öffentlichen Rundfunk als Redakteur und später als freier Journalist in Deutschland. Heute unterrichtet er Englische Literatur an der Universität Stuttgart, an der er 2018 zum Thema zeitgenössische australische Literatur promovierte.

Außerdem lieferbar

Thomas Fuchs
Hemingway im Schwarzwald
Über den Fluss und in den Wald

Biografische Skizze
Gebunden mit Lesebändchen
180 Seiten mit Abbildungen
11,5 × 18,5 cm
Ladenpreis: 24 €
ISBN: 978-3-910228-01-6

Im August 1922 bereist der damals 23-jährige Ernest Hemingway, seit einem Jahr als Korrespondent des Toronto Star in Paris, mit seiner Frau Hadley für drei Wochen den Schwarzwald. Vor dem Hintergrund der Inflation und nur kurz nach dem Ersten Weltkrieg trifft er auf Armut und Ausländerfeindlichkeit, aber auch einsame Täler und die ersehnten Fischwasser. Seine Reise führt ihn von Straßburg nach Triberg und ins Elztal sowie nach Freiburg. Thomas Fuchs folgt Hemingways Trip genau 100 Jahre später, dabei entfaltet er vor uns ein faszinierendes zeitgeschichtliches und biografisches Panorama. »Das Jahr war randvoll mit Ereignissen, deren Themen sich leitmotivisch durch sein ganzes Leben zogen. Es gab Triumphe, Tragödien und Tiefschläge.«

Gisela Hack-Molitor

Lotte Paepcke
Als Jüdin in Nachkriegsdeutschland

Biografische Skizze
Gebunden mit Lesebändchen
180 Seiten mit Abbildungen
11,5 × 18,5 cm
Ladenpreis: 24 €
ISBN: 978-3-910228-17-7

Lotte Paepcke (1910–2000) wuchs in Freiburg in einer liberalen jüdischen Familie auf. Der Vater war Stadtrat, sie selbst studierte Jura – bis zur Zäsur 1933. Was mit der Naziherrschaft über die Familie hereinbrach, beschrieb sie in später preisgekrönten Büchern. Kaum bekannt ist, dass sie die frühen Wirtschaftswunderjahre mit klugen, pointierten Texten für Rundfunk und Zeitschriften begleitete. In anschaulichen Studien zu Rollenmustern, zu Geschäftigkeit und materieller Fixiertheit sowie nicht zuletzt zum Umgang mit Überlebenden des Holocaust rang sie um einen geistigen und politischen Neuanfang der jungen Republik. Ihr Einsatz für Emanzipation und Demokratie steht im Fokus des Buchs.

Marion Voigt

Verheißung und Dekadenz
Baden-Baden und die russische
Literatur im 19. Jahrhundert

Biografische Skizze
Gebunden mit Lesebändchen
228 Seiten mit Abbildungen
11,5 × 18,5 cm
Ladenpreis: 24 €
ISBN: 978-3-910228-07-8

Das Weltbad Baden-Baden wurde im 19. Jahrhundert zum Sehnsuchtsort für Gäste aus dem Zarenreich. Auffallend viele Schriftsteller fanden sich hier ein, unter ihnen bekannte Größen wie Turgenjew, Dostojewski, Gontscharow und der ukrainisch-russische Meistererzähler Gogol. Aber auch die seinerzeit berühmten und heute fast vergessenen Dichter Wassili Schukowski und Pjotr Wjasemski sowie die bemerkenswerte Alexandra Smirnowa hinterließen ihre Spuren und trafen unter anderem auf die legendäre Musikerin Pauline Viardot. Diesen Menschen und ihren Werken nähert sich die Autorin mithilfe zeitgenössischer Quellen und mit Blick auf den Alltag im mondänen Kurort. Dabei blättert sie ein spannendes Kapitel russisch-europäischer Geschichte auf, das voller Entdeckungen steckt und überraschende Bezüge zur Gegenwart offenbart.

Gefällt Ihnen dieses Buch? Dann empfehlen Sie es bitte weiter.
Mehr über den 8 grad verlag finden Sie auf www.8gradverlag.de
und in unserem Newsletter.

1. Auflage 2025
© 2025, 8 grad verlag GmbH & Co. KG
Sonnhalde 73 | 79104 Freiburg
www.8gradverlag.de | info@8gradverlag.de

Alle Rechte vorbehalten

Köpfe 08
Herausgegeben von Marion Voigt
Umschlaggestaltung, Layout und Satz
Julie August, Buenos Aires/München
Umschlagmotiv: akg images

Lektorat: Marion Voigt, Zirndorf
Korrektorat: Stephan Thomas, München
Herstellung: folio · print & more, Zirndorf

Gesetzt aus der Caslon, Ohno und Acumin
Papier: Munken Print cream 90 g/m² 1,5-fach
Einbandmaterial: Peyer; Peyprint honan 130 g/m²
Druck und Bindung: Steinmeier GmbH & Co. KG, Deiningen
Printed in Germany

ISBN 978-3-910228-47-4